W0385632

August Höglinger

Loslassen ohne ZU VERGESSEN

Verlag A. Höglinger

2. AUFLAGE

Impressum:

Herausgeber und Verleger: August Höglinger
Lektorat: Johann Schnellinger, Textservice, Linz
Druck: Druckerei Rudolf Trauner GesmbH, Köglstraße 14, 4021 Linz
Cover: Projektagentur Weixelbaumer KEG, Landstraße 22, 4020 Linz
Satz und Layout: A3 Friedrich Jung Werbeservice GmbH, Franckstraße 45, 4020 Linz

Copyright © 2003 by August Höglinger, Fröhlerweg 8, A-4040 Linz.
Alle Rechte vorbehalten. Vervielfältigung, auch auszugsweise,
nur mit schriftlicher Genehmigung des Herausgebers.

Bestellungen an den Verlag:
Dr. August Höglinger, Fröhlerweg 8, A-4040 Linz
Tel.: ++43(0)732 / 75 75 77
Fax: ++43(0)732 / 75 75 77-4
E-Mail: office@hoeglinger.net
Internet: www.hoeglinger.net

ISBN 3-9501137-3-8

Loslassen ohne ZU VERGESSEN

2. AUFLAGE

Inhalt

Abschiednehmen, Trauern und Loslassen

Sie sind eines der wichtigsten Themen dieses Jahrzehnts. Mehr als 80 % der Menschen haben unerledigte Abschiede, konstatiert der bekannte Trauer- und Sterbeforscher Jorgos Canacakis. Wenn wir nichts dagegen tun, so Canacakis, sind wir in größter Gefahr, einer allgemeinen gesellschaftlichen Depression entgegenzulaufen.

Wir kommen nur voran, wenn wir dafür etwas hinter uns lassen: Will ein Wanderer auf seinem Weg weiterkommen, muss er nach vorne blicken. Er muss auch den schönsten Ausblick hinter sich lassen. Wir müssen das Mühevolle und das Schöne loslassen können, um uns weiterzuentwickeln. Ohne Loslassen gibt es keine Entwicklung.

Menschen loszulassen ist das Schwierigste. Zum einen meine ich damit das Loslassen von lebenden Menschen. Es gab in der mitteleuropäischen Geschichte noch nie so viele Trennungen von Beziehungen wie heute. Bis zu 75 % aller geschlossenen Ehen und Lebenspartnerschaften werden wieder getrennt. 20, 30 Jahre oder noch länger mit einer einzigen Person zusammenzuleben oder verheiratet zu sein, erscheint heutzutage als überholte Vorstellung aus früheren Generationen. Heute erfolgen Trennungen nach wesentlich kürzerer Zeit. Wenn einer der beiden eine neue persönliche oder berufliche Lebensphase einläuten möchte, ist damit manchmal eine Trennung vom Partner verbunden. Der Beziehungswechsel ist ein Charakteristikum unserer aktuellen Beziehungslandschaft. Zukunftsforscher sprechen davon, dass Menschen dieser Generation zwischen sechs und sieben Lebensabschnittspartner haben werden.

Es geht nicht darum, den Status quo moralisch zu bewerten. Es ist vielmehr die Frage, wie Menschen mit den damit verbundenen Trennungen und Abschieden umgehen. Meist werden neue Beziehungen eingegangen, ohne die alte gut abzuschließen. Wir haben heute kaum brauchbare Formen, mit dem Abschied und dem Loslassen richtig umzugehen.

Das zweite Loslassen ist das Abschiednehmen von Menschen, die sterben oder bereits tot sind. Sterbende und Tote waren uns Menschen noch nie so fern und nah zugleich wie heute. Einerseits sehen wir tagtäglich in Unterhaltungsfilmen, Dokumentationen und Liveberichten von Krisenherden Bilder des Tötens und Sterbens. Andererseits haben viele von uns größte Schwierigkeiten, einen real sterbenden Menschen im Krankenhaus zu besuchen, mit ihm zu reden oder ihn zu berühren. Mit einer Leiche umzugehen ist noch fremder geworden. Das Umgehen mit unseren eigenen Sterbenden und Toten ist heute zur Mutfrage und zum Tabu geworden. In meinem Elternhaus waren die Sterbenden und der Tod noch viel mehr in das alltägliche Leben eingebunden. Die Leiche meines Vaters zum Beispiel wurde zu Hause aufgebahrt. Wir Kinder haben zum Teil rund um das Totenbett gespielt. Der Tod hat zum Leben der Lebenden dazugehört. Wenn Sie dieses Geschehen auf heute übertragen würden, zum Beispiel in eine Wohnung innerhalb einer Wohnsiedlung, dann kann man sich das sehr viel schwerer vorstellen.

Nicht nur der Kontakt mit Sterbenden und Toten ist schwieriger geworden, auch das Abschiednehmen von ihnen. Durch das Abnehmen der kirchlichen Bindung und der religiösen Praxis fällt es vielen Menschen immer schwerer, mit dem Tod und dem Loslassen umgehen zu können. Es fehlen ihnen Worte, die man hier sprechen soll, und geeignete Rituale, den Abschied zu vollziehen. Wenn uns dann der Tod eines von uns geliebten Menschen kalt erwischt, sind wir kaum darauf vorbereitet und gerüstet, mit dem wichtigsten Übergang, der Grenze des Lebens, und mit dem letzten Loslassen zurande zu kommen.

Dieses Buch möchte Ihnen, liebe Leserin, lieber Leser, Hilfen für den Umgang mit Abschied, Trauer und Loslassen bieten. Es soll Ihnen ein Begleiter sein, wenn Sie sich in absehbarer Zeit von jemandem trennen werden oder wenn Sie von einer Person verlassen worden sind, die in Ihrem Leben eine wesentliche Bedeutung hatte.

Vielleicht suchen Sie eine Hilfe, weil Sie einen Todesfall hinter sich haben und den Abschied bewältigen möchten. Oder es liegt eine Person im Sterben, die Ihnen wichtig ist. Dann finden Sie hier nützliche

Hinweise und praktische Möglichkeiten, diese Schritte des letzten Weges und Loslassens gut zu gehen.
Das Buch wird Ihnen auch hilfreich sein, wenn jemand in Ihrem Freundeskreis oder einer Ihrer Berufskollegen trauert. Sie finden hier wichtige Hinweise, wie Sie mit Trauernden umgehen sollen.
Der Kern dieses Buches sind die „Zehn Schritte des Loslassens". Sie sind eine konkrete und praktische Hilfe, wie Sie den Weg der inneren Trennung von einem Menschen, das Loslassen, beginnen und gehen können. Dabei ist es unerheblich, ob es sich um das Loslassen eines lebenden, sterbenden oder schon toten Menschen handelt.

Noch zwei Hinweise:

- Viele Ausführungen in diesem Buch beschäftigen sich mit dem Loslassen von Menschen, die sterben oder verstorben sind, und mit der Situation der hinterbliebenen Trauernden. Fast alle Überlegungen lassen sich auf die Trennungen von lebenden Menschen übertragen und auf jene, die als Betroffene zurückbleiben.
- Viele der Schritte des Loslassens können schon vorher gegangen werden. Das zu tun, ist wesentlich sinnvoller, weil beide Personen besser loslassen können: der, der geht, und jener, der zurückbleibt.

Liebe Leserin, lieber Leser!

Es freut mich, wenn Ihnen dieses Buch zum Begleiter in wichtigen Abschnitten Ihres Lebens wird.
Gute Schritte des Loslassens wünscht Ihnen

August Höglinger

Linz, Juni 2003

Dank

Ich bedanke mich bei allen Menschen, die ich durch einfühlsame Begleitung beim Loslassen und Trauern unterstützen durfte. Sie haben mich gelehrt und mir gezeigt, wie vielfältig diese Thematik und ihre Bewältigung sein können.
Dank sagen möchte ich dem Bestatter Ferdinand Knoll aus Perg, der mich eingeladen hat, ein Seminar für seine Berufsgruppe zum Thema „Trauerbewältigung in Familien" zu halten. Er hat damit bewirkt, dass ich mich in der Vorbereitung zu diesem Seminar mit meiner eigenen Geschichte des Loslassens und Trauerns auseinander gesetzt habe. Von den Teilnehmern dieser Seminare habe ich viele professionelle Anregungen und praktische Beispiele geschenkt bekommen.
Bedanken möchte ich mich bei Herrn Karl Berger von der LINZ AG. Der Leiter des Geschäftsbereiches Bestattung und Friedhöfe hat mich eingeladen, Abendvorträge für Menschen zu halten, die in den letzten Monaten einen Sterbefall hatten und eine Unterstützung bei der Bewältigung ihrer Trauer bekommen sollten. Wir haben in gemeinsamer kreativer Arbeit den Titel der Veranstaltung geboren: „Loslassen, ohne zu vergessen". Mit freundlicher Genehmigung der LINZ AG darf ich den Vortragstitel für dieses Buch verwenden.
Nicht zuletzt bedanke ich mich bei allen Menschen,

die mir nahe standen und die mir durch ihren Weggang oder Tod persönliche Erfahrungen mit Loslassen, Abschied und Tod ermöglichten.
Mein herzlicher Dank gebührt meinem Freund Mag. Stefan Manigatterer, der mir viele wertvolle Anregungen für dieses Buch geschenkt hat. Damit es auch ein Erfolg auf dem Markt wird und Sie, liebe Leserin, lieber Leser, es lesen können, bedarf es der strebsamen und liebevollen Arbeit meines Verlagsleiters Alfred Mühlböck, der für die Gestaltung und den Druck dieses Buches verantwortlich zeichnet und unermüdlich dafür sorgt, dass es in vielen Buchhandlungen aufliegt. Ich bedanke mich bei allen Buchhändlerinnen und Buchhändlern für den Vertrieb und die Empfehlung zum Kauf dieses Buches sowie bei all jenen, die es lesen und weiterempfehlen. Sie alle tragen dazu bei, dass die Menschen den Herausforderungen der nächsten Jahre hinsichtlich des Loslassens besser gewachsen sein werden.

Männliche/weibliche Form im Text

Ich habe aus Gründen der besseren Lesbarkeit und Verständlichkeit des Textes nur eine Form der Anrede gewählt, und zwar die männliche, weil sie die gängigere ist. Diese steht stellvertretend für beide Geschlechter. Ich bitte alle meine Leserinnen und Leser um ihr Verständnis.

1. Vom Loslassen

Wenn nichts mehr zu machen ist,
ist noch viel zu tun
und noch mehr loszulassen.

Stellen Sie sich vor, Sie tragen in jeder Hand zehn Pakete. Wollen Sie etwas Neues in die Hand nehmen, müssen Sie ein altes Paket loslassen. Neues hat nur Platz, wenn Sie dafür etwas Altes weggeben. Sie haben nur eine bestimmte Menge an Energie, die Sie aufteilen können. Es liegt an Ihnen, wohin Sie Ihre Aufmerksamkeit richten. Wer Altes loslassen will, kommt an der Trauer nicht vorbei. Wenn Sie nicht loslassen, brauchen Sie nicht zu trauern. Dafür werden Sie jedoch nicht frei, sondern binden sich selbst. Das Gegenteil von Loslassen ist Festhalten. Ich halte oft an etwas fest, weil es mir Halt gibt und ich keine Alternative dazu habe – und auch nicht haben will. Wenn ich mich von etwas oder jemandem nicht lösen kann, sind daher Fragen wichtig wie: Was hält mich? Was gibt mir hier Halt und Stabilität? Welchen Nutzen habe ich offenbar, dass ich etwas oder jemanden nicht loslassen will?
Um etwas loslassen zu können, braucht es auch eine wesentliche Voraussetzung: Ich muss etwas vorher ganz genommen haben. Ich muss es vorher in mein

Herz genommen haben. Nicht jedes Loslassen ist ein tiefes und damit schwieriges Loslassen.
Es gibt auch ein falsches und zerstörerisches Loslassen, indem ich beispielsweise etwas oder jemanden fallen lasse. Zur Demonstration dieses falschen Loslassens nehme ich manchmal bei Vorträgen ein Glas in die Hand, das ich auf den Boden fallen lasse. Ich habe zwar auch beim Fallenlassen losgelassen, ich muss mich aber jetzt auch noch um die Scherben kümmern, die ich dadurch erzeugt habe. Es gibt zu viele Beispiele für diese Form des Loslassens und für die Beziehungsscherben, die dann jahrelang herumliegen. Sie reißen die bestehenden Wunden der Trennung noch weiter auf.
Etwas wegzuwerfen ist genauso ein falsches Loslassen wie das Verdrängen oder Vermeiden des Loslassens. Manche verweigern das Loslassen. Andere wiederum beginnen einen Streit. Sie nehmen ihn als letzten Grund und Anlass dafür, die Beziehung leichter beenden zu können. Wieder andere gehen vorzeitig, um sich dem Abschied nicht stellen zu müssen.
Zum Loslassen gehören manchmal auch zwei – aber nicht immer. Stellen Sie sich vor: Jemand gibt Ihnen die Hand und lässt Sie nicht mehr los. Selbst wenn Sie die Hand des anderen loslassen, bleiben Sie dennoch weiter gebunden, wenn Sie der andere nicht freigibt.

Wer loslässt, trauert

Trauer stellt sich ein, wenn Sie Personen und Dinge loslassen, die für Sie von Bedeutung gewesen sind, die Sie also wirklich „genommen" haben. Das Trauern ist ein Teil des Loslassens. Die Trauer ist die Seite des Gefühls, die den Schmerz des Loslassens nach innen und außen spürbar zum Ausdruck bringt: Es tut weh. Der Magen verkrampft sich. Ich spüre ein Würgen im Hals. Kopfweh stellt sich ein. Ich muss immerzu weinen. Mein Trauern verbraucht meine ganze Energie.

Dem Unausweichlichen auszuweichen,
das Unabwendbare abzuwenden hieße,
das abgefallene Blatt
wieder an den Baum zu heften.

Die Wissenschaft, die sich mit der Trauer beschäftigt, weiß um grundsätzliche Phasen des Trauerns, das heißt:

- die Phase des Nicht-wahrhaben-Wollens, des Schocks und der Verleugnung;
- die Phase der aufbrechenden Gefühle wie Depression, Wut, Schuld, Angst und Einsamkeit;
- die Phase der Angst und Neuorientierung.

Zu diesem chronologischen Denkmodell zeitlich aufeinander folgender Phasen gibt es auch andere, beispielsweise ein spiral- und wellenförmig gedachtes Modell des Trauerverlaufs: Der Weg der Trauer ähnelt mehr einem Schwanken und Wandeln zwischen den Gezeiten von Trauer und Zuversicht. Schwere Momente der Hoffnungslosigkeit wechseln sich ab mit Zeiten der Gewissheit, dass es wieder weitergehen wird. Dann kommen wieder Zeiten, die den Trauernden in die Niedergeschlagenheit stürzen, und so weiter – bis nach einem längeren Weg die Zuversicht und das Leben die Oberhand behalten.

Modelle sind für unser Denken hilfreich. Sie sollten aber nicht überbewertet werden. Keiner trauert letztlich gleich – weder in der Art noch in der Intensität. Trauernde halten sich nicht an Phasen, Ordnungen und Modelle. Trauernde werden durch eine Trennung durchgeschüttelt. Nichts mehr ist in Ordnung und nach Plan. Trauernde können sogar tageweise unterschiedlich reagieren. Dazu kommt, dass die einen ihre Trauer mehr emotional ausdrücken, weil ihnen das entspricht: Sie weinen über die Maßen und zeigen ihre Gefühle offen. Andere haben das Bedürfnis, immerzu zu reden. Wieder andere versuchen, über das Tun oder Nachdenken das Geschehene zu verarbeiten. Oder der Trauernde sucht jetzt besonders viel seelische und körperliche Wärme und Nähe. Ein Beispiel: Die Schwester einer Bekannten hatte ihren Mann verloren. Meine Bekannte setzte sich sofort ins Auto und fuhr zu ihrer Schwester. Sie blieb die ganze Nacht bei ihr. Sie legte sich zu ihr, um ihr körperliche Wärme zu geben und sie im Arm zu halten. Einfach nur halten! Kein einziges Wort war notwendig. Auch das ist eine Form der Trauerbegleitung. Es gibt letztlich keine fixen Regeln für richtiges Trauern. Grundsätzlich gilt: Ein Trauernder soll auf seine Art trauern dürfen. Wenn Sie helfen möchten, sagen Sie ihm, dass Sie für ihn da sind, wenn er das möchte. Diese Botschaft ist hilfreich.

Bei ganz nahen Angehörigen muss man auch das Gefühl dafür haben, was passt. Sie brauchen Trauernde normalerweise nur zu fragen, was sie möchten.

Es ist auch ganz verschieden, wie Menschen mit dem Schmerz umgehen. Ich selber bin ein gutes Beispiel dafür. Wenn ich früher Abschied genommen oder losgelassen habe, dann tat ich das wie jemand, der ein Heftpflaster ganz langsam herunterreißt. Ganz langsam und immer nur wenige Millimeter, um möglichst wenig Schmerz zu verspüren: Au – au – au! Ich war ein großer Schmerzvermeider. Heute nach vielen Erfahrungen mit Loslassen, Abschied und Trauer nehme ich das Heftpflaster und reiße es weg: Au!!! Es ist ein heftiger Schmerz, den ich dabei empfinde. Wenn das Pflaster heruntergerissen ist, ist der größte Schmerz vorbei. Dennoch haben beide Verhaltensmöglichkeiten etwas gemeinsam: Sie stellen sich dem Schmerz. Es gibt kein schmerzfreies Loslösen. Wenn ich mich dem Schmerz nicht stelle, bleiben seelische und emotionale Verklammerungen über die Jahre aufrecht. Wir werden voneinander nicht loskommen, egal ob eine örtliche oder irdische Trennung stattfindet. Bindungen überdauern Entfernungen und Zeiten, wenn sie nicht bewusst gelöst werden. Wir kennen das zur Genüge aus der Therapie oder systemischen Aufstellung. Im Deutschen lautet eine Redewendung: den Abschied ver-schmerzen. Je tiefer die Liebe oder je größer der Hass ist, die oder der mich mit einer Person verbindet, desto größer ist der Schmerz, der dann mit dem Loslassen verbunden ist.

> Bindungen überdauern Entfernungen und Zeiten,
> wenn sie nicht bewusst gelöst werden.

Vom Trennen und Verlieren

Es macht einen großen Unterschied, ob ich selbst den Schritt der Trennung bewusst setze oder ob ich die Trennung als ungewollten Verlust erlebe. Der Verzicht ist etwas Gewolltes. Wenn ich mich für einen Abschied bewusst entscheide, fällt das Loslassen leichter. Bei einem ungewollten Verlust hingegen verweigere ich mich. Es fehlt mein inneres Okay. Ein Verlust macht mich wütend! Ich fühle mich beraubt! Es ist mir etwas genommen. Ich will und suche keine neue Situation: kein neues Leben, keinen neuen Partner. Ich will, dass alles so bleibt, wie es ist! Ein Verlust klärt sich selten mit der Zeit von allein. Es braucht nach der Zeit des Schocks und der inneren Verweigerung die eigene Bereitschaft, den Schritt des Abschieds zu gehen. Solange ich dazu nicht bereit bin, solange kann der Weg der Trauer nicht beginnen. Wege aus der seelischen Krise sind nur möglich, wenn ich die Krise selbst akzeptiere. Wenn ich hin und wieder von „Trauer-Arbeit" spreche, dann ist diese Formulierung durchaus angebracht. Das Trauern ist Arbeit! Das gute Loslassen-Können wird Ihnen erst nach viel harter Arbeit, nach viel Trauer und Schmerz geschenkt – nicht früher.

Lebenslang loslassen

Unser Leben ist geprägt von unzähligen Ereignissen und Stationen des Loslassens: Das erste dramatische Loslassen in unserem Leben ist die Geburt. Mit der Geburt lassen wir paradiesische Zustände hinter uns. Den Prozess des Loslassens erleben Mutter und Kind auf ihre Weise schmerzhaft. Der Mutterleib ist ein Ort, an den wir immer wieder zurückmöchten. Unter anderem ist es kein Zufall, dass sich Menschen in eine „Höhle" zurückziehen, wenn sie sich verletzt fühlen, den Schutz und das Gefühl des Bergenden suchen. Sogar beim Kuscheln nehmen Kinder und Erwachsene eine typische Körperstellung aus der

Phase im Mutterleib ein: zurück in den Schoß der Mutter. Das Zurückwollen ist angeblich auch der Urgrund von Depression. Ein amerikanischer Therapeut führte in diesem Zusammenhang ein interessantes Experiment durch: Er füllte eine Tonne mit Salzwasser, das er auf genau 37 Grad Celsius aufheizte. Die Tonne befand sich in einem dunklen Raum. Wer wollte, konnte in sie hineingehen und darin schwimmen – wie im Mutterleib. Die Erfahrung des Therapeuten war, dass die Hälfte jener Menschen, die diese Mutterleibserfahrungen machen wollten, sich weigerte, die Tonne zu verlassen. Sie wollten nicht mehr heraus. Sie wollten diesen traumhaften Zustand nie mehr aufgeben.

Andere Abschiede folgen im Laufe unseres weiteren Daseins: Da ist zunächst der Abschied von den versorgenden Eltern hin zum eigenen Erwachsensein. Vielleicht mussten Sie wegen schulischer Ausbildungsmöglichkeiten sehr früh das wärmende Nest der Eltern verlassen. Derartige Veränderungen können als Verlusterfahrungen durchaus prägend sein. Eine übliche Verlusterfahrung ist das Aufgeben-Müssen des „Hotels Mama". Weitere Abschiede sind die von der Jugendzeit, das Abschiednehmen vom Studentenleben oder vom Junggesellen-Dasein. Später ist es das Loslassen der eigenen Kinder und noch später der eigenen Eltern.

Das Thema des Loslassens bekommt dann noch eine besondere Spitze, wenn es darum geht, das eigene Leben loszulassen. Wissen Sie, wer am schwersten

stirbt? Derjenige, der nicht gelebt hat. Im Moment des Todes wird ihm bewusst, was er alles nicht getan und probiert hat, welchen eigenen Träumen er nicht nachgegangen ist. Ein Verwandter von mir sagt oft: „August, wenn ich in Pension bin, werde ich nachholen, wozu ich im Moment keine Zeit finde. Dann werde ich mit meiner Frau mehr unternehmen. Ich werde mein Hobby wieder aktiv betreiben und endlich einmal ..." So schieben viele ihr Leben vor sich her. Und wir selbst? Und Sie?
Keiner von uns weiß, wie viel Zeit noch in seiner Lebensuhr ist. Wirklich zu leben, das ist die Herausforderung. Tod und Leben gehören unmittelbar zusammen. Wer leben will, muss mit dem Sterben besser umgehen. Leben ist nur über ein ständiges Abschiednehmen und Loslassen möglich.

Irgendwann bleibt nichts von dir auf Erden;
vielleicht die Erinnerung an deine Augen, dein Lachen,
deine Hände in den Herzen der Menschen, die dich liebten.
Liebe die Stille, höre das Rieseln des Sandes in deiner Lebensuhr,
damit du nicht erschrickst, wenn die letzten Sandkörner fallen.

Aus dem Tagebuch einer sterbenden Frau an ihrem letzten Geburtstag

Was unterstützt das Loslassen?

Zum einen ist hilfreich, wenn Sie möglichst klar den Tatbestand realisieren können, der sagt: „ES IST AUS!" Der Abschied ist endgültig. Ich komme nie mehr zurück. Das kann der Tatbestand einer endgültigen Trennung sein, weil einer der Partner geht. Es kann der konkrete Tod einer Person sein.

Es ist wirklich aus! Es dauert meist sehr lange, bis wir das in der Seele akzeptieren. Ich empfehle Ihnen, sich möglichst früh mit dem Faktum des Endgültigen vertraut zu machen. Worte, die wir hören – womöglich dann noch über Dritte –, besitzen zumeist noch wenig Gewicht. Es ist gut, wenn wir mit möglichst vielen Sinnen begreifen, was Sache ist, um uns stückweise einzugestehen, was wir nicht wahrhaben wollen.

Im Falle einer Trennung kann es hilfreich sein, das klare Gespräch zu suchen und vom anderen eindeutig zu hören: Unsere Beziehung ist zu Ende! Ich liebe dich nicht mehr. Klare Worte und Gespräche werden zumeist lange vermieden – von beiden Seiten: Der eine möchte die Befürchtung nicht bestätigt wissen. Der andere möchte die Wahrheit möglichst lang hinausschieben. Gut ist, was endgültige Klarheit schafft!

Wenn es sich um das Loslassen eines Verstorbenen handelt, ist es hilfreich, wenn Sie den Menschen als tot wahrnehmen. Das mag für unsere Ohren erschreckend klingen. Für das Loslassen-Können eines Menschen ist es wichtig. Wenn Sie vom Tod eines Menschen nur erfahren, ist für Sie ein Abschied wesentlich schwieriger; umso mehr, als Sie das auf keinen Fall wollen. Sie sollen diesen Menschen zumindest tot gesehen haben. Noch besser ist es, wenn Sie seine Hand berühren können und in sein Gesicht sehen können: Die Haut ist kalt und ihre Farbe bleich. Die Nasenflügel bewegen sich nicht mehr, weil der Tote nicht mehr atmet. In ländlichen Gegenden ist es meist der Fall, dass Sie im Rahmen der kirchlichen Totenwache vor einem Begräbnis den aufgebahrten Toten aufsuchen können. Dabei ist der Sarg noch offen oder es gibt ein kleines Sichtfenster auf dem Sargdeckel, durch das Sie den Toten sehen können.

Nur wenn wir den Tod begreifen, wird der Verlust spürbar und Trauer möglich. Ansonsten wird der Verstorbene zu einem Vermissten, der gerade nicht im Zimmer ist.

Nicht gesehen

Ein junger Mann wurde Opfer eines Verkehrsunfalls in einer fremden Stadt. Da er keine Dokumente bei sich trug, die über seine Identität Auskunft gaben, wurde er in dieser fremden Stadt namenlos beerdigt. Mehrere Monate später konnte aufgrund der Kleidung seine Mutter ausgeforscht werden. Die Mutter hat heute noch Zweifel, ob es wirklich ihr Sohn ist, der hier begraben liegt. Sie hat ihn nicht tot gesehen.

Was ebenfalls hilft, ist das bewusste Mitgehen und Mitgestalten der Trennung und des Abschieds.
Im Falle einer Trennung könnten es letzte gemeinsame (behördliche) Wege und das Ausräumen der Kästen in der gemeinsamen Wohnung sein. Es könnte ein längeres Abschiedsgespräch sein, in dem über das gesprochen wird, was jeder in diesem Moment empfindet und dem anderen noch sagen möchte. Es könnte ein letzter gemeinsamer Besuch jenes Ortes sein, an dem man sich kennen gelernt hat. Es könnte ein Abschiedstreffen mit gemeinsamen Freunden sein, das allen die Veränderung und die Trennung bewusst macht. Es könnte ein letzter Besuch bei den Eltern des jeweils anderen Partners sein.
Wenn Sie Abschied nehmen müssen von einem Sterbenden, ist es hilfreich, wenn Sie diesen letzten Weg bewusst und gemeinsam gehen. Ich empfehle Ihnen: Nützen Sie die Chance am Sterbebett für das gemeinsame Abschiednehmen! Mittlerweile entwickelt sich in Krankenhäusern und durch die Hospizbewegung auch für das Sterben zu Hause eine neue Kultur im Umgang mit den letzten Stunden eines Menschen. Professionell ausgebildete Alten- und Krankenseelsorger sowie die Hospizbewegung können Ihnen für diese Phase des Miteinanders gute Hilfen anbieten.

Wünsche eines Sterbenden

Ich wünsche mir, dass du mich in den letzten

Stunden meines Lebens nicht allein lässt. Bleib bei mir, wenn mich Zorn, Angst, Traurigkeit und Verzweiflung heimsuchen. Bleib bei mir, wenn ich in all dem Dunkel nach dem Weg suche, der mich den Frieden finden lässt. Denk nicht, wenn du ratlos an meinem Bett sitzt, dass ich tot sei – auch wenn mein Körper leblos wirkt und meine Augen gebrochen scheinen. Ich höre, was du sagst. Darum sag bitte nicht irgendetwas. Sprich einfach mit mir – wie sonst auch. Es sollte ehrlich sein.

Ich wünsche mir, dass wir die Gelegenheit zum Abschied nützen. Ich möchte dieses Geschenk der letzten Tage und Stunden mit dir teilen. Ich möchte, dass wir in einfachen Worten und Gesten miteinander reden und tun, was jetzt noch wichtig ist. Halte meine Hand. Ich will dir mit der Hand sagen, was ich mit dem Mund nicht mehr vermag. Wisch mir den Schweiß von der Stirn. Streich mir die Decke glatt. Wenn nur noch Zeichen sprechen, so lass sie sprechen.

Ich wünsche mir, dass du mir den Abschied nicht unnötig schwer machst. Klag nicht an. Hadere jetzt nicht mit dem Schicksal, dafür ist später noch Zeit. Sieh auf das, was wir jetzt gemeinsam miteinander erleben können. Das ist viel wichtiger. Sind wir jetzt füreinander da. Ich danke dir, dass ich dich kennen lernen und mit dir so viel erleben durfte.

Unser Weg ist nun bald zu Ende. Ich danke dir für alles! Wenn ich gestorben bin, wünsche ich mir, dass du nach den Tagen der Trauer zurück ins Leben findest. Ich möchte dich fröhlich sehen. Ich möchte auf dich blicken und spüren, dass es dir gut geht. Ich möchte, dass du deine Freunde nicht vergisst und Aufgaben entdeckst, für die du da sein willst.

Behalte mich in guter Erinnerung und ehre unsere gemeinsame Zeit. Sie ist mir wertvoll. Ich werde das Gleiche tun. Ich werde über dich wachen, so gut ich kann. Ich freue mich schon auf ein Wiedersehen mit dir. Das wünsche ich mir.

Nach einem Text der Hospizbewegung

Auch im Rahmen der späteren liturgischen Feiern haben Sie die Möglichkeit, den Abschied aktiv zu leben, indem Sie beispielsweise den Sarg mittragen, eine Blume in das offene Grab auf den Sarg werfen. Vielleicht sagen Sie dem Verstorbenen hörbar noch ein Wort oder einen letzten Gruß des Abschieds. Solche und andere sinnenhafte Zeichenhandlungen unterstützen Sie beim Abschiednehmen.

Welche Formen der Trauer gibt es?

Eine Form der Trauer ist die Trauer über das ungelebte Leben. Zu spät wird mir bewusst, was ich nicht gewagt, nicht unternommen oder nicht einmal versucht habe.
Eine zweite Trauer ist die um den Verlust eines geliebten Menschen. Ich werde ihn nie mehr sehen, nie mehr in den Arm nehmen können und spüren. Ich werde ihn nie mehr lachen sehen und mich seiner Eigenheiten erfreuen oder darüber ärgern können.
Die dritte Art der Trauer besteht darin, dass ich nun ohne den anderen weiterlebe. Ich bin nun mit den

alltäglichen Sorgen allein. Wenn ich abends müde bin, ist der andere nicht mehr da. Ich kann mich nicht mehr an ihn anlehnen oder ihm von dem erzählen, was ich am Tag erlebt habe.

Es ist eine Qual, am nächsten Morgen wieder aufzustehn.
Wofür denn auch?
Um wieder an meine Schmerzen erinnert zu werden?
Der Trauernde glaubt,
nie mehr so leben zu können, wie es einmal war.
Alles hat sich verdunkelt.
Er hat keinen Geschmack mehr am Leben.

Anselm Grün

Eine andere Form von Trauer ist eine indirekte. Es ist die Trauer darüber, dass ich nicht loslassen und trauern kann, dass ich im Moment auf der Stelle trete und wie erstarrt bin. Ich weiß im Kopf, dass ich loslassen soll. Ich weiß, dass mich das krampfhafte Festhalten nicht weiterbringt. Und dennoch kann ich nicht loslassen. Ich bin traurig darüber, dass ich so denke und handle. Oder ich trauere darüber, dass ich keine Gefühle zeige und nicht weine.
Eine andere Trauer – oder besser im Gewand der Trauer – ist das Bedauern meiner selbst. Diese Art

der Trauer ist mehr eine Form des Selbstmitleids. Sie ist in jedem Fall keine brauchbare Form der Trauerbewältigung. Vielmehr verschlimmert sie das Problem. Selbstmitleid bringt Menschen in einen inneren und kaum zu stoppenden negativen Kreislauf, der nach unten und nicht mehr nach oben führt. Meine persönliche Empfehlung ist: Wenn Sie das Gefühl haben, dass jemand in Selbstmitleid versinkt und damit Sie, sich selbst und andere hinunterzieht, unterbrechen Sie diesen Sog. Sagen Sie Sätze wie: „STOPP! Hör auf! So nicht! Zieh dich und uns nicht tiefer hinunter! Wenn du über das sprechen möchtest, was dich schmerzt, bin ich da. Aber verschone uns mit deinem Selbstmitleid!"

Wenn Sie Ihre Trennung oder den Verlust allein bewältigen wollen, ist das möglich. Aber es ist weitaus mühsamer, als wenn Sie Menschen haben, mit denen Sie darüber sprechen können. In den meisten Fällen können Verwandte, Nachbarn und Freunde viele gute Dienste leisten, um mit der Trauer fertig zu werden. Eine Alternative ist die Trauergruppe, die über eine Sozial- oder Bildungseinrichtung angeboten wird. Besonders schwere und tragische Verlustereignisse sollten Sie nur an der Hand eines professionellen Trauerbegleiters angehen.

Eine letzte Trauerform ist die Sühne. Gedanken dahinter können sein: Ich trauere, weil ich um meine Schuld weiß, die ich nicht mehr begleichen kann. Meine Trauer- und Bußhaltung ist die letzte Möglichkeit zu zeigen, dass ich meine Schuld bekenne und bereue. Alles würde ich tun, um es wieder gutzumachen.

Was braucht ein Trauernder?

Das Erste, was ein Trauernder braucht, ist jemand, der da ist.
Das Zweite, was ein Trauernder braucht, ist jemand, der nur zuhört. Jemand, der nicht müde wird, sich die Ereignisse und Umstände der Trennung, des Unfalls oder des Todes zum dreißigsten Mal anzuhören. Der mit dem Trauernden den Weg immer wieder abgeht und mit ihm im Kreis geht, sooft dieser es möchte. Es geht nicht darum, dass Sie ihm etwas analysieren. Es geht darum, dass Sie den Trauernden in seinem Erzählen unterstützen. Er soll sich dem Gewesenen erschließen können. Es wird seinen Grund haben, wenn Trauernde bestimmte Begebenheiten immer wieder erzählen. Erst wenn sich etwas gänzlich er-schlossen hat, wird es der Trauernde „schließen".
Das Dritte, was ein Trauernder braucht, ist jemand, der schweigt. Manchmal sollte man einfach nur gemeinsam dasitzen und schweigen. Ich erinnere mich selbst noch gut daran, als meine behinderte Tante gestorben war und ich um sie trauerte. Eine Gruppe von Bekannten und Freunden hat damals zwei Stunden mit mir geschwiegen. Das war für mich eine wunderbare Geste und wohltuende

Erfahrung: Ich bestimmte damals als Trauernder, wann wieder gesprochen würde, indem ich zu sprechen begann.
Wenn andere mit mir trauern, dann ist das ein großes Geschenk. Ich bin nicht allein. Es ist umgekehrt eine der schlimmsten Erfahrungen, im Schmerz der Trennung und Trauer allein zu sein.
Noch ein Hinweis für das Gespräch mit Trauernden: Nennen Sie die Person, die gegangen ist, beim Namen. Sprechen Sie nicht von „ihr" oder „ihm". Aus Gründen der Vorsicht und Unbeholfenheit sind wir geneigt, den Namen zu vermeiden.
Fragen Sie den Trauernden, wie es ihm geht. Sind Sie offen für jede Antwort, die Sie dann erhalten. Trauernde haben oft das Bedürfnis, ihre Gefühle zurückzuhalten und sie lieber nicht zu äußern, um andere nicht zu belasten.
Weinen Sie mit, wenn Ihnen danach zumute ist.

Einen Trauernden begleiten heißt,
mit ihm zusammen
eine untröstliche Situation auszuhalten.

Was ist für einen Trauernden noch hilfreich?
Sie sollten auf einen Trauernden aktiv, also von sich aus und öfter zugehen. Sehen Sie nach ihm. Zeigen Sie ihm, dass Sie für ihn eine offene Tür haben, dass er sich melden darf, wenn er das möchte – auch

noch nach Monaten oder nach Jahren. Einmal zu sagen: „Melde dich, wenn du etwas brauchst!", reicht nicht. Trauernde sitzen zu Hause und warten darauf, dass jemand kommt. Oft sind sie unfähig, Kontakte von sich aus aufzunehmen und um Hilfe zu bitten.

Wenn Sie einen Trauernden kennen: Gehen Sie auf ihn zu! Ich erlebe viele Menschen, die helfen möchten – der Nachbarin, der Schwägerin oder wem auch immer – und nicht zum Trauernden hingehen, weil sie Angst haben, einen Fehler zu machen. Gehen Sie hin! Fragen Sie: „Brauchst du etwas?" Wenn jemand „Danke, nein!" sagt, dann gehen Sie nicht gleich. Bleiben Sie noch ein paar Minuten. Wenn Sie das Gefühl haben, dass der Trauernde jetzt wirklich niemanden und nichts braucht, sagen Sie: „Ich schaue am Abend (oder nächste Woche am ...) wieder vorbei." Tun Sie das auch. Ein Trauernder hat die Erwartung, dass Sie dann kommen.

Fragen Sie ihn bei einem weiteren Besuch, ob Sie ihm eine alltägliche Aufgabe abnehmen oder ihn bei etwas unterstützen können: einkaufen, Haushalt, Garten, ein warmes Essen kochen oder mitbringen, ihn einmal pro Woche zum Essen einladen.

Eine andere Möglichkeit ist, dem Trauernden Anregungen für gemeinsame Aktivitäten anzubieten: wandern, spazieren gehen, Einkaufsbummel, Lokalbesuch, Flohmarkt, gemeinsam basteln oder kochen oder das Grab besuchen. Angebote bringen Trauernde leichter auf die Lebensspur. Es gilt nur,

sich selbst nicht beleidigt zurückzuziehen, wenn ein Trauernder ein Angebot ablehnt. Nur Trauernde wissen, was ihnen im Moment gut tut. Sie sind dankbar für Angebote und jede Fürsorge, die gut gemeint ist und nicht aufgedrängt wird.
Eine weitere Möglichkeit sind wichtige Zeiten des Gedenkens wie Jahrestage (Geburtstag, Hochzeitstag, Todestag). Ein Trauernder nimmt es dankbar an, wenn Sie an solchen Tagen an ihn denken. Rufen Sie ihn an, schreiben Sie ihm eine E-Mail oder eine Karte. Fragen Sie ihn, ob Sie kurz auf einen Tee oder Kaffee vorbeikommen dürfen. Gehen Sie vor emotional sensiblen Tagen und Zeiten wie Weihnachten, Silvester, Neujahr, Ostern oder vor den Ferienzeiten auf Trauernde zu und fragen nach, wie sie diese Tage verbringen werden. Gerade zu Beginn haben Trauernde noch kein Alternativprogramm entwickelt und sind dann allein. Vielleicht möchten Sie auch selbst die eine oder andere Einladung aussprechen.

Was ein Trauernder keinesfalls braucht

Das Allerletzte, was ein Trauernder braucht, sind Worte des Trostes: „Nimm es nicht so tragisch! Das wird schon wieder!" Das ist eine Lüge! Es wird nie mehr so, wie es vorher war. Tote kommen nicht zurück. Geben Sie keine weisen Antworten auf das Warum. Sparen Sie sich Sätze wie: „Es gibt sicher einen Grund, den wir vielleicht jetzt noch nicht kennen." Wolfgang Picken ist ein katholischer Priester in Deutschland und ein erfahrener Seelsorger in der Sterbe- und Trauerbegleitung. Er formuliert in seinem Buch „Abschied nehmen vom Leben" klare Worte im Blick gerade auf religiöse Antwortversuche: „Der Gesprächspartner eines Trauernden soll nicht der Versuchung erliegen, die Antworten zu geben, die der Himmel durch sein Schweigen verweigert. Eine menschliche Antwort auf eine existentielle und an Gott gerichtete Frage ist vom Grundsatz her zum Scheitern verurteilt."

Die beste Antwort für Trauernde liegt im Dasein – in der Solidarität durch Ihr Mittrauern und im gemeinsamen Aushalten dessen, was kaum auszuhalten ist. Vermeiden Sie Vergleiche zu Ihren eigenen Trauererfahrungen. Zu schnell sind wir mit gut gemeinten Ratschlägen zur Hand, die uns geholfen haben. Vergleichen Sie die Trauer auch nicht mit jener anderer – womöglich mit dem Hinweis, dass es diese noch viel schlimmer getroffen hat. Trauer ist nicht vergleichbar, nicht einmal unter Geschwistern, die denselben Elternteil verloren haben.

Was ein Trauernder ebenfalls nicht braucht, ist, dass ihm andere sagen, wann die Trauer zu enden hat: „Du hast dich jetzt lang genug gequält." – „Es ist nicht gut, wenn du dich ewig verkriechst." – „Es wird langsam wieder Zeit, an das Leben zu denken." Auf derartige Regelverstöße gegen das eigene Trauerbedürfnis können Betroffene regelrecht aggressiv reagieren. Oder sie ziehen sich mit ihrer Trauer heimlich zurück. Helfen Sie einem Trauernden nicht beim Wegräumen von Kleidung und Gegenständen und bei der Neuordnung seines Wohnraums, wenn er Sie nicht darum bittet. Der Trauernde entscheidet, wann die Kleidung aus der Garderobe weggeräumt, das Türschild geändert und das Zimmer des Verstorbenen umgestaltet wird.

„Mir scheint, dir geht es schon wieder viel besser!" Behalten Sie Ihre Wertungen über den Zustand des Trauernden für sich. Sie können damit schwer danebenliegen. Fragen Sie lieber. Menschen, die trauern, können auch einmal lachen. Das sagt nichts darüber aus, wie groß der Schmerz noch ist. Trauernde sind vor den Erwartungen wenig Betroffener unbedingt zu schützen.

Segen der Trauernden

Gesegnet seien alle,
die mir jetzt nicht ausweichen.
Dankbar bin ich für jeden,
der mir einmal zulächelt
und mir seine Hand reicht,
wenn ich mich verlassen fühle.

Gesegnet seien die,
die mich noch besuchen,
obwohl sie Angst haben, etwas Falsches zu sagen.

Gesegnet seien alle,
die mir erlauben,
von dem Verstorbenen zu sprechen.
Ich möchte meine Erinnerungen nicht totschweigen.
Ich suche Menschen,
denen ich mitteilen kann, was mich bewegt.

Gesegnet seien alle,
die mir zuhören,
auch wenn das, was ich sage,
schwer zu ertragen ist.

Gesegnet seien alle,
die mich nicht ändern wollen,
sondern mich geduldig so annehmen, wie ich jetzt bin.

Gesegnet seien alle, die einfach da sind –
mit ihrem Schweigen, mit ihrem Mittrauern und ihrer eigenen Ratlosigkeit.
Sie zeigen mir, dass ich jetzt nicht allein bin.

Nach Maria-Luise Wölfing

Es ist nie zu spät! Auch wenn Sie sich monatelang nach der Beerdigung nicht bei einem Trauernden gemeldet haben: Rufen Sie ihn einfach an! Es ist nie verkehrt, eine trauernde Person zu besuchen. Schreiben Sie der trauernden Person ein paar Zeilen. Es genügen allein die Worte, dass Sie an den Trauerfall gedacht haben. Es ist nie zu spät, an den gut zu denken, der gegangen oder verstorben ist. Zünden Sie für diese Person zum Gedenken eine Kerze an. Diese Möglichkeit gibt es zu Hause und oft auch am Arbeitsplatz. Und wenn es die Kerze in der Pizzeria am Mittagstisch ist, die Sie in diesem Gedenken entzünden. Warum Sie eine Kerze entzünden, können Sie sagen oder als Ihr stilles Geheimnis zurückbehalten. Es wäre nur schade, wenn Sie derart Wichtiges sich immer wieder vornehmen, es aber dennoch nicht tun. Es wäre schade, wenn der Trauernde auch noch um ihren Besuch stirbt.

2. Schritte zum Loslassen

> Erzählen und Erinnern tun weh:
> Das Geschehene wird lebendig und das Ende zur Gewissheit.
> Dennoch entlasten sie die Seele und verwandeln die Trauer.

Loslassen durch Gehen wichtiger Schritte

Wenn ich jemanden loslassen will, muss ich alle wichtigen Themen durchgehen, die mich mit einer Person verbinden. Ich muss ansprechen, was ich dieser Person noch sagen will – oder besser: muss! Sonst kann ich sie nicht loslassen. Es geht also um Fragen wie: Was muss ich noch loswerden, damit ich loslassen kann? Was verbindet mich mit der Person und bindet mich noch an sie? Was steht noch zwischen uns? Was ist noch offen?
Im Laufe der Jahre habe ich bisher zehn Themenbereiche ausgemacht, damit Loslassen passiert. Ich habe diese zehn Schritte nicht aus wissenschaftlichen Fachbüchern – wo sie in irgendeiner anderen Form zu finden sind –, sondern durch die einfühlsame Begleitung von Trauernden entdeckt. Ich schließe nicht aus, dass ich durch weitere Begleitungen den einen oder anderen Schritt entdecke, der für das Loslassen wichtig ist.

Das Durchgehen dieser zehn Bereiche nenne ich die „Zehn Schritte zum Loslassen". Sie sind für jene gedacht, bei denen der Zeitpunkt gekommen ist, zu dem sie loslassen wollen. Die „Zehn Schritte zum Loslassen" sind in jedem Fall ein intensiver Weg. Manche dieser Schritte können Sie als wohltuend empfinden. Andere hingegen werden Sie am liebsten vermeiden wollen. Bei einigen Schritten kann es sein, dass nichts da ist, was Sie im Moment dazu sagen sollen. Das kann unterschiedliche Gründe haben. Oft kommen zu einem Schritt deshalb noch keine Gefühle und Worte, weil der Schmerz oder die eigene Scham noch viel zu groß ist.
Wenn Sie die „Zehn Schritte zum Loslassen" gehen, erhalten Sie die innere Freiheit zurück, die Sie für ein gutes Weiterleben brauchen. Sie geben das Festhalten der alten Lebenssituationen auf und akzeptieren, dass die jetzige eine andere ist. Das Vergangene bekommt den ihm zustehenden Platz in Ihrem Herzen und in Ihrer Erinnerung.
Wenn Sie sich schon von Menschen trennen oder verabschieden mussten, können Ihnen die „Zehn Schritte zum Loslassen" als innerer Gradmesser dienen, wieweit Sie die andere Person wirklich losgelassen haben.
Ich stelle Ihnen nun die „Zehn Schritte zum Loslassen" vor und möchte dies auf folgende Weise tun: Zu Beginn erläutere ich den Kerninhalt des jeweiligen Schrittes. Dann biete ich Ihnen konkrete Einstiegs- und Formulierungsmöglichkeiten, das heißt:

So oder so ähnlich könnten Sie später Ihre eigenen Sätze beginnen.
Danach folgen Beispiele aus meiner eigenen Lebensgeschichte oder beruflichen Praxis. Teilweise sind es selbst verfasste Briefe und Gedichte von lieben Menschen, die ihre persönlichen Schritt-Erfahrungen für dieses Buch zur Verfügung gestellt haben. Aus Gründen der Anonymität ist mit diesen Personen vereinbart, ihre Namen nicht zu erwähnen. Manchmal finden sich auch Texte anderer Autoren, die sich mit diesem Thema intensiv beschäftigt haben. Worte zum Abschied und Texte von Trauernden besitzen für mich eine besondere Dichte, weil sie davon erzählen, was im Leben wirklich von Bedeutung ist.

Die „Zehn Schritte zum Loslassen"

1. Schritt: „Ich nehme dir übel ..."

Einer der wichtigsten Schritte zum Loslassen ist, dass Sie auch die negativen und schmerzlichen Gefühle zulassen, die Sie mit dieser Person verbinden. Wut und Trauer müssen heraus! Entleeren Sie den inneren „Mistkübel". Vermeiden Sie es, ihn im Abschied zur Tabuzone zu erklären. Hinter Ihrer Wut steckt eine Wunde. Soll sie verheilen, muss hervor, was hinter ihr steckt: Was macht mich wütend? Was ist es, was mich verletzt oder verletzt hat?

- Ich nehme dir übel, dass du mich allein zurücklässt ...
- Ich nehme dir übel, dass du gestorben bist. Du hast mich nicht gelehrt, wie ich mit dieser Situation fertig werden soll ...
- Ich nehme dir übel, dass du mich hintergangen hast ...
- Mit deinem Schweigen hast du viel kaputtgemacht ...
- Du könntest noch leben, wärst du nur ...
- Wenn du nicht so viel geraucht/getrunken hättest ...
- Unsere Familie wäre nicht in die Brüche gegangen, wenn du ...
- Du hast mir im Grunde nie wirklich ...
- Am liebsten würde ich dir heute noch ...
- Du hast mir so viel Kummer bereitet ...
- Du hast mich durch ... tief verletzt ...
- Warum hast du damals nur ...

Was noch offen war

Ein Ehepaar lebte bereits mehrere Monate voneinander getrennt. Dennoch kam das Paar voneinander nicht los. Die beiden baten mich um Hilfe. Ich lud sie zu mir in die Praxis und auf ein Experiment ein: Ich stellte zwei Stühle gegenüber und bat sie, auf diesen Platz zu nehmen. Ich gab den beiden den Auftrag, sich für eine längere Zeit gegenseitig in die Augen zu sehen. Meine Bitte an sie war, es mitzuteilen, wenn etwas auftauchen würde – ein Gedanke, eine Geste, ein Wort oder ein Satz. Dann sollten

sie das, was kam, einfach ausdrücken.
Lange Zeit saßen sich beide schweigend gegenüber – Auge in Auge. Es vergingen viele Minuten, bis plötzlich die Frau mit aller Intensität ihrer Stimme – offenbar aus dem tiefsten Grunde ihres Herzens kommend – ein einziges Wort ihrem Exmann entgegenschleuderte: „ARSCHLOCH!"
Daraufhin musste der Exmann herzlich lachen, stand auf und sagte: „Jetzt ist es erledigt!"
Das abschließende gemeinsame Gespräch bestätigte, dass dieser eine Begriff die offenen Verärgerungen und Verletzungen auf den Punkt gebracht hatte. Beide wussten, was damit gemeint war. Das Lachen des Mannes war zudem ein typisches Zeichen dafür, wie Recht die Frau hatte.

Wenn ich jemandem noch etwas böse bin, müssen Gefühle wie Ärger und Wut neben der Trauer um den Verlust ihren Platz bekommen. Gerade wenn jemand verstorben ist, es sich also um einen Toten handelt, haben viele Menschen Hemmungen, diesem noch etwas Übles nachzusagen. Es ist jedoch aus meiner Erfahrung für das Loslassen von entscheidender Bedeutung, diesen Teil der Beziehungswirklichkeit anzusprechen – und sei es „nur" die Wut über den Verlust.

Ich nehme dir übel, dass du einfach gestorben bist

Ich nehme dir übel,
dass du einfach gestorben bist,
und das wenige Tage vor Weihnachten –

ohne Vorwarnung.
Der Arzt konnte nicht mehr helfen.
Du hast mich im Stich gelassen!

Deinetwegen kann ich das Licht der Tage,
den glitzernden Schnee und die spielenden Kinder nicht ertragen.
Ich meide das Schöne.
Es tut einfach nur weh.
Am liebsten schließe ich mich ein.
Menschen versuchen mich zu trösten.
Sie erinnern mich mit ihrer Anwesenheit aber auch daran,
dass du nicht mehr da bist.

Ich bin einsam.
Die Nächte sind lang und ich fürchte ihre Leere.
Wenn du hier geblieben wärst, wäre alles anders.
Aber du bist einfach gegangen.
Wie oft sagte ich: „Du arbeitest zu viel!"
Du hast für die Firma gelebt und nicht für uns.
Du warst ja kaum da.
Du bist für die Firma gestorben
und hast dabei mich als Witwe hinterlassen.
Du hast mir immer alles abgenommen.
Jetzt fühle ich mich unselbstständig wie ein kleines Kind.
Deine Arbeitswut hat mir auch noch dich genommen.

Wie soll ich dich nun loslassen,
wo ich dich kaum hatte?
Gerade jetzt brauche ich dich am allermeisten!

Der Betroffene selbst erweist sich keinen guten Dienst, negative Gefühle wegzusperren. Geistig binden sie ihn auch weiterhin an den, der gegangen ist.

Zudem können Trauer und negative Gefühle auf Dauer krank machen: Die geistige und die körperliche Vitalität verringern sich. Die Widerstandsfähigkeit nimmt ab und die Anfälligkeit für Erkältungen und Krankheitserreger nimmt messbar zu. Emotional legt sich mit der Zeit ein grauer Schleier über die Seele eines solchen Menschen. Das einstmalige Gefühl der Lebenslust verwandelt sich zu einer nicht mehr enden wollenden Trauer und Last am Leben. Es ist gar nicht so selten, dass sich Menschen nach schmerzlichen Verlusterfahrungen emotional nicht mehr erfangen. Jemand drückte es mir gegenüber so aus: „Mein Leben ist seit dem Tod meines Mannes zur zähen Masse geworden. Nun bin ich verdammt, meine mir verbleibenden Jahre darin zu waten."

Bei Trauerfeiern sind Begräbnisredner oft in Versuchung, die guten Seiten des Verstorbenen zu betonen und die anderen wegzulassen. Oder es werden die Kanten und Spitzen des Verblichenen rhetorisch so abgerundet, dass die Rede über ihn von der Trauergemeinde als unangebrachtes Schönreden empfunden wird. Aus Gründen der Pietät sowie aus Rücksicht gegenüber den betroffenen Hinterbliebenen ist es verständlich, negative Worte lieber zu vermeiden. In der öffentlichen Rede zu sagen, was auch stimmt – und was meist ohnehin alle wissen –, ist eine Frage des Fingerspitzengefühls und der Wortwahl. Zudem stellt sich auch die Frage, wem es erlaubt ist, persönlich oder stellvertretend für andere darüber zu reden. Ein Bürgermeister hat zum Beispiel am Grab seines verstorbenen Freundes beide Seiten angesprochen: „Du warst oft ein verdammt unguter Kerl und du warst mein bester Freund! Wir werden dich nie vergessen."

Wenn das, was Beziehungen belastet, nicht ausgedrückt und aufgearbeitet wird, dann kann das einen Schaden anrichten, der über die eigene Beziehungsgeschichte hinaus weiterwirkt. Das zeigen Aufstellungsarbeiten immer wieder. In Familienaufstellungen wird sichtbar, wie alte Verklammerungen mit längst Verstorbenen gegenwärtige Beziehungen und Familiensysteme belasten. Tiefe Liebesbande, Ungesagtes und Verdrängtes führen dazu, dass Lebende nicht leben und Verstorbene nicht sterben können: Irgendwer lässt irgendwen aus irgendwelchen Gründen nicht los. Dabei sind beide Richtungen möglich: Ein Lebender lässt einen Verstorbenen nicht los oder umgekehrt. Ungelöstes wird dann an die nächste und an die übernächste Generation weitergegeben und das Problem wird dort weitergelebt oder – bei einem Konflikt – stellvertretend ausgetragen. Zwei Beispiele dazu:

Streit mit dem Onkel

Etwa zehn Jahre nach dem Tod meines Vaters traf ich meinen Onkel, den Bruder meines Vaters. Wir hatten uns seither nicht mehr gesehen. Wir hatten nie einen intensiven Kontakt miteinander gehabt. Ich würde den Kontakt emotional als lose und neutral

beschreiben. Jedoch nach zehn Minuten unseres Gesprächs waren wir in einen handfesten Konflikt verwickelt. Wir stritten heftigst, obwohl es keinen offensichtlichen Anlass dafür gab, keine logische Erklärung. Umso mehr ist mir dieser Vorfall nachgegangen.
Viel später ist mir bewusst geworden, dass ich stellvertretend für meinen Vater den Ärger meines Onkels abbekam. Das, worum es ging, galt und gehörte meinem Vater. Dieses Offengebliebene, was es auch gewesen sein mag, konnten die zwei Brüder nicht mehr miteinander austragen, weil mein Vater durch seinen plötzlichen Tod nicht mehr greifbar war, jedoch der Sohn sehr wohl.

Die Haltbarkeit von emotionalen Verletzungen ist erstaunlich hoch. Sie überdauern spielend Jahrzehnte oder werden weitervererbt.

Das alte Gesicht

Ein Ehepaar kam zum Therapeuten, da beide ohne offensichtlichen Grund immer wieder in Streit gerieten. Unter anderem war es so, dass die Frau in solchen Streitfällen ein alt wirkendes Gesicht bekam. Im Gespräch mit dem Therapeuten stellte sich heraus, dass die Großmutter der Frau von ihrem Mann, also dem Großvater, oftmals im Streit an den Haaren durch das Gastzimmer des Wirtshauses geschleift worden war, das beide gemeinsam bewirtschaftet hatten. Weitere Gespräche bestätigten, wie sehr diese tiefen und noch immer offenen Wunden aufseiten der Generation der Frau in die Gegenwart hereinreichten. Im Streit des Ehepaares nahm die

Frau stellvertretend für ihre Großmutter Rache an ihrem damaligen Mann. In der Sprache der Therapie bezeichnet man dies als eine doppelte Verschiebung. Dabei geschieht zweierlei: Es rächt sich erstens die falsche Frau und zweitens am falschen Mann.

2. Schritt: „Ich danke dir ..."

Danke zu sagen ist ein weiterer wichtiger Schritt im Loslassen. Der Schritt des Dankens trägt dazu bei, dass das, was noch zu bedanken ist, nachgeholt wird. Vieles im Leben, das Sie erhalten haben, können Sie mit einer angemessenen Gegenleistung nie aufwiegen. Dankbar zu sein bedeutet, darum zu wissen. Für Bert Hellinger ist Danken die letzte Möglichkeit, das Erhaltene auszugleichen. Wer danken kann, sieht vieles als Geschenk. Das kann die Natur selbst sein, die Wunder der Schöpfung, die uns gegeben sind. Für Kinder können es das Geschenk des Lebens und die Liebe sein, die sie von ihren Eltern erhalten haben. Es können die gelebte Fürsorge, die Opferbereitschaft und die Treue sein, die Freunde und Partner einander bereit sind zu geben. Danken bedeutet, diese Geschenke der Zuwendung anzunehmen und zum Ausgleich dafür aus tiefstem Herzen dankbar zu sein und diesen Dank zu zeigen.

Das Danken vollziehen wir mit Worten, Gesten und in unterschiedlichen Ritualen: Im Großen ist es bei-

spielsweise das so genannte Erntedankfest der Christen. Die Amerikaner feiern alljährlich den Thanksgiving Day. Viele Geschenke sind Botschaften des Dankes und Ausgleichs. Wenn Sie zum Essen eingeladen sind, werden Sie den Gastgebern zum Dank etwas mitbringen. Oder denken Sie an die Geschenke der Väter und an die gebastelten Kleinigkeiten der Kinder am Muttertag. Sie sollen die mütterlichen Alltagsleistungen des vergangenen Jahres ausgleichen – und weiter erhalten. Zeichen des Dankes sind auch die Blumen und Kränze, die wir am Grab unserer Verstorbenen niederlegen. Wie oft habe ich mir selbst bei solchen Anlässen gewünscht, meine Dankbarkeit dieser Person schon viel früher gezeigt zu haben!
Danken bedeutet für mich noch etwas anderes, nämlich die positiven Seiten einer Person und einer gemeinsamen Geschichte zu würdigen. Das halte ich dann für besonders wichtig, wenn Beziehungen im Streit und in der Trennung ihr Ende gefunden haben. Dank sagen bedeutet hier auch, Danke für das eine oder andere sagen zu können, das ich lange Zeit als Dorn im eigenen Fleisch empfunden habe. Vielleicht war der Dorn für mich heilsam und notwendig, da ich sonst manches nie getan oder gelernt hätte.

- Ich danke dir ...
- Ich bin froh, dich kennen gelernt zu haben ...
- Du hast mir gut getan ...
- Ich habe dir nie gesagt ...

- Du warst für mein Leben ganz wichtig ...
- Immer wenn ich dich gesehen habe, ist mein Herz aufgegangen ...
- Du hattest stets ein Ohr für mich ...
- Liebe/Lieber ..., es ist an der Zeit, dir für viele kleine Dinge zu danken ...

Ich danke dir

Ich danke dir für die Jahre, die du mit mir geteilt hast.
Du hattest dich damals für mich entschieden – für mich!
Ich danke dir für all die Stunden und Tage,
für deine Nähe und dein JA zu mir.

Ich danke dir für deine Art,
das Leben zu betrachten.
Durch dich hatte ich das Leben
mit anderen Augen sehen gelernt.

Ich danke dir für dein Lachen und deinen Humor.
Oft waren sie mir ein Licht in dunklen Stunden.
Deine Freude im Herzen
hatte unsere Zimmer im Haus
in ein warmes Licht getaucht.

Ich danke dir für deinen Mut,
mit dem du oft meine Ängste vertrieben hast.
Du hast mir den Rücken gestärkt und gesagt:
„Du kannst das!“
Du hast an mich geglaubt.
Da habe ich an mich geglaubt.

Ich danke dir für dein Mitgehen auf unserem gemeinsamen Weg.
Wir sind viele Wege gegangen – schöne und schwierige.
Wir erlebten Schicksalsschläge und Sternstunden.

Keine davon werde ich vergessen,
weil ich sie mit dir gegangen bin.

Ich danke dir für deine Nähe und Wärme.
Wenn ich bei dir in den Armen lag,
fühlte ich mich geborgen.
Wenn ich deine Haut spürte und roch,
war ich zu Hause.

Ich danke dir für deine Liebe.
Sie hat das Beste aus mir herausgelockt.
Du hast mich zum glücklichsten Menschen gemacht.
Du warst für mich,
was ich mir für mein Leben erträumt hatte.

Danken ist eine der tiefsten Formen zu zeigen, was Ihnen jemand bedeutet. Dankbares Gedenken meint das Hochhalten des Verlorenen im Herzen über jedes Maß von Zeit hinaus.

Dankbarkeit
ist das Gedächtnis des Herzens.

Jean-Baptiste Massieu

---

3. Schritt: „Ich vergebe dir …"

„Ich vergebe dir alles, was du mir angetan hast, aus ganzem Herzen."

Sie können dann einen Menschen loslassen, wenn sich zugefügte Wunden schließen, weil Sie den

Schmerz dahinter zugelassen haben. Das Vergeben ist ein wesentlicher Teil dieses Weges zum Verheilen von Wunden: Der Vergebende verzichtet auf den Ausgleich der offenen Schuld. Er beendet von sich aus das Bedürfnis nach gerechter Vergeltung und sagt: „Ich vergebe dir aus ganzem Herzen, was du mir angetan hast." Dieser Satz wird, wenn es uns selbst betrifft, Schwerstarbeit sein, bis wir ihn „übers Herz" bringen: „Ich vergebe dir aus ganzem Herzen." Diesen Schritt zu gehen bedeutet zweierlei: Das Erste ist, dass ich den Schmerz, der hinter einer konkreten Verletzung steckt, in seinem Umfang ernst nehme und spüre. „Das, was du mir mit ... angetan hast, hat mir verdammt wehgetan. Weißt du das überhaupt?! Es ist für mich so. Das sollst du wissen." Das Zweite ist: „Ich vergebe dir und mache einen Strich unter die Schuldenrechnung. Es bleiben keine Restschulden zurück, die ich einbehalte. Ich vergebe dir wirklich!" Ich stelle von nun an nicht mehr die Frage nach dem „Warum nur?" oder „Wie konntest du bloß?" Es war so und ich lasse es so stehen. Die Verletzung ist nun Geschichte – Teil meiner Geschichte, nicht mehr und nicht weniger. Wenn Sie jemandem wirklich vergeben haben, spüren Sie das tatsächlich in Ihrem Herzen. Es kommt nichts mehr hoch.

– Du warst so verschlossen. Ich wusste oft nicht, was in dir vorging. Ich vergebe dir aus ganzem Herzen ...

- Du hast damals unsere Beziehung verraten. Ich vergebe dir aus ganzem Herzen ...
- Du hast mir unendlich viel Leid zugefügt. Ich vergebe dir aus ganzem Herzen ...
- Unseren Kindern hat oft der Vater gefehlt. Ich vergebe dir aus ganzem Herzen ...
- Du hast mir oft nicht zugehört. Ich vergebe dir aus ganzem Herzen ...
- Mir hätte es oft so gut getan, wenn du ... Was immer auch die Gründe für dein Verhalten gewesen sein mögen, ich vergebe dir aus ganzem Herzen ...
- Heute bin ich so weit: Ich möchte einen alten Schuldschein zerreißen ...

Schritte des Vergebens aus ganzem Herzen zu gehen ist schwer. Nicht selten geraten wir auf dem Weg zur Versöhnung ins Stocken. Es tut noch viel zu weh, um mich von dem, was war, lösen zu können. Ich habe noch nicht verdaut, was mir der andere angetan hat. Manchmal kann es Jahre oder Jahrzehnte dauern, bis wir fähig sind, eine Schuld aus ganzem Herzen zu vergeben.
Sollte Ihnen im Moment ein tiefes Vergeben noch schwer fallen, ist es hilfreich, wenn Sie wenigstens den Gedanken an die Versöhnung zulassen. Vielleicht gelingt es Ihnen, einen Satz in diese Richtung hörbar auszusprechen. Auch wenn er noch blutleer und unglaubwürdig klingen mag, das Vergeben mit dem Herzen beginnt mit dem Denken

und Sprechen in diese Richtung. Das ist die erste Stufe.
Letztlich können Sie das innere Vergeben vom Kopf her nicht „machen". Ich unterscheide zwischen einem schnellen – oder besser: zu schnellen – und einem guten Vergeben. Ein schnelles Vergeben bleibt an der Oberfläche. Es ist selten ein Verzeihen aus dem Herzen. Es ist nicht anhaltend wirksam. Tiefer sitzende Verletzungen werden sich später bei Ihnen wieder melden. Vergeben wird zu einem guten Vergeben, wenn auch die Zeit mithilft. Es heißt, die Zeit heilt alle Wunden. Dieser Satz stimmt so nicht. In Wirklichkeit heilt die Vergebung die Wunde. Nur um vergeben zu können, braucht es seine Zeit.

> Versöhnung ist wahrscheinlich für uns alle
> die größte Alltags-Herausforderung.
>
> *Wilf Gasser*

In Seminaren und bei Vorträgen empfehle ich manchen Teilnehmern, einen Schuldenbrief zu schreiben. Ich schlage ihnen vor, diesen Brief gegebenenfalls auch jemandem vorzulesen. Was ich ausspreche, besitzt noch eine intensivere Kraft als das Nur-Gedachte. Der Brief kann anschließend vernichtet werden: zerreißen, verbrennen, in der Erde vergraben. Sie können so einen Brief auch der betreffenden Person zusenden. Sie haben jedoch keinen Einfluss darauf, ob die andere Person ihren Teil der Schuld und die Vergebung annimmt. Das muss der andere für sich klären. Für Sie selbst geht es darum, dass Sie durch Ihr Vergeben das Verheilen und Loslassen ermöglichen.

Ich möchte dir einmal verzeihen können

Ich möchte dir verzeihen. Ich zähle nicht mehr, wie oft ich es schon versucht habe, dir zu vergeben. Ich kann es noch nicht. Ich möchte dir schreiben, dir erzählen und dir sagen, wie es mir geht.
Du warst in den letzten Jahren meine beste Freundin. Unsere Freundschaft war für mich unendlich wichtig. Ich konnte dir alles erzählen, was mich bedrückte. Umgekehrt erfuhr ich Geheimnisse von dir, die du sicher sonst niemandem mitgeteilt hast. Wenn es dir schlecht erging, im Beruf oder privat, riefst du mich an, manchmal sogar mitten in der Nacht. Wir redeten über das, was dich quälte und dich nicht einschlafen ließ. Oft, wenn ich nach Hause gefahren bin, besuchte ich dich noch. Wir machten uns Tee, setzten uns zusammen und redeten – stundenlang. Wenn ich zu dir fuhr, war das mehr als Reden und Trinken. Unsere Freundschaft und deine Wohnung waren für mich auch ein Stück Zuhause.
Als du selbst wieder allein lebtest, verbrachten wir die meiste Zeit gemeinsam. Wir vertrauten einander blind. Dann kam die Wende in unserer Freundschaft. Als ich nach vielen Jahren selbst wieder einen Mann kennen lernen durfte, teilte ich mit dir diese Erfahrung: die Freude über die ersten Schritte und meine

vielen Unsicherheiten, die ich mit der Beziehung verband. Du wusstest Bescheid, wie es um mich und um meine Mühen in dieser Beziehung stand. Mein neuer Partner und ich waren sehr, vielleicht zu unterschiedlich. Ich wusste auch nicht, ob diese Beziehung jemals Zukunft haben würde. Aber für mich war es zu diesem Zeitpunkt noch nicht so weit, eine Entscheidung zu treffen. Ich war froh um das Gute in dieser Beziehung und auch um das Schwierige. Ich wollte mich um keine Herausforderung drücken.

Du lerntest den Mann kennen, weil ich ihn dir vorstellte. Wir gingen ein-, zweimal gemeinsam abends weg. Offenbar hatte es dabei zwischen euch gefunkt. Du sagtest mir nichts. Es genügte eine Woche meiner Abwesenheit: Du hattest ihn zu dir eingeladen und gebeten, über Nacht zu bleiben. Ihr habt in dieser Woche viel Zeit miteinander verbracht. Ihr habt euch geliebt und miteinander geschlafen. Als ich zurückkam, warst du für mich nicht erreichbar ...

Ich fühlte mich als Frau betrogen: Der Mann hatte das „Revier" unter Freundinnen gewechselt. Ich hatte verloren. Das ist ein Problem, mit dem ich leben muss. Der andere Schmerz jedoch sitzt viel tiefer: Ich hätte nie geglaubt, dass du aus unseren gemeinsamen Gesprächen einen persönlichen Vorteil ziehst und für deine Interessen missbrauchst! Das war ein Verrat an unserer Freundschaft, wie er für mich schlimmer nicht sein konnte.

Auf einen Schlag hatte ich nun unendlich viel verloren: eine langjährige Freundin, eine neue Beziehungschance und ein Stück Zuhause. Vielleicht habe ich durch diese Ereignisse viel gelernt. Das rechtfer-

tigt jedoch dein Verhalten nicht! Vielleicht hast du so deinen Partner fürs Leben gefunden. Vielleicht würdest du manches auch gerne rückgängig machen. Wer überblickt schon in einem Moment die Konsequenzen seines Verhaltens?
Ich möchte dir verzeihen können. Allein deshalb, damit meine Seele ruhen kann und ich mein Denken und Fühlen wieder frei bekomme. Ich möchte dir verzeihen, allein um meines inneren Friedens willen. Es fällt mir noch so schwer! Ich bin traurig darüber, dass unsere Freundschaft in die Brüche ging. Manchmal denke ich daran, wie es wäre, wenn diese Wunde des Vertrauensbruchs verheilt wäre ...

Kann nicht verzeihen

Kann nicht verzeihen,
kann es nicht lassen.
Die Vergangenheit liegt in mir wie ein Stein.
Sie friert mir langsam Herz und Seele ein.
Kann nicht verzeihen.

Will nicht verzeihen,
will nicht vergessen.
Alte Schläge sollten längst verwunden sein,
doch in den Träumen fallen sie mir wieder ein.
Will nicht verzeihen.

Morgen wird Vergangenes Vergangenheit sein
und jedes Denken an zurück
wird ein Teil aus meinem Leben sein.

Ich will vertrauen,
ich will es lassen.
Die Zeit lässt alles schön vergänglich sein,
sie lässt uns allesamt Verlierer sein,
lässt uns verzeihen.

Morgen wird Vergangenes Vergangenheit sein
und jedes Denken an zurück
wird ein Teil aus meinem Leben sein.

Klaus Hoffmann

Wer vergibt,
heilt auch sich selbst.

Johann Christoph Arnold

---

4. Schritt: „Es tut mir Leid ..."

„Es tut mir Leid, was ich dir angetan habe, aus ganzem Herzen."
Zum Loslassen gehören zwei. Es genügt nicht, wenn Sie dem anderen vergeben. Der andere muss auch Ihnen vergeben, was Sie ihm angetan haben. Damit Ihnen die andere Person vergeben kann, braucht diese Ihr Eingeständnis der Schuld und Ihre Bitte um Vergebung aus ganzem Herzen.
Sie werden oft nur erahnen können, was Sie anderen wirklich angetan haben. Oft wird es Ihnen gar nicht bewusst gewesen sein, dass Sie jemanden mit Ihrem Verhalten enttäuscht und verletzt haben. Bildlich gesprochen treten Sie bei diesem Schritt vor den anderen hin. Sie zeigen ihm, dass Sie begriffen haben, wie sehr Sie den anderen verletzt haben. Sie zeigen ihm, dass es Ihnen aus tiefstem Herzen Leid tut. Sie bitten ihn um Vergebung und strecken ihm

dabei die Hand zur Versöhnung entgegen. Dass Ihnen die andere Person vergibt, dafür gibt es keine Gewissheit.
Nicht einmal bei der Versöhnungsgeste zwischen zwei lebenden Personen können Sie sicher sagen, ob die Versöhnung tatsächlich stattgefunden hat. Nicht die sichtbare Geste, sondern das Eingestehen der Schuld und die Vergebung im Herzen sind das Entscheidende. Die tatsächliche Versöhnung mit bereits verstorbenen Menschen scheint hier noch viel schwerer zu bewerten zu sein.
Ungeachtet dessen, was der andere tut: Ich selbst habe meinen Teil dazu getan, damit Versöhnung geschieht. Die Einsicht in die eigene Schuld ist dafür unerlässlich. Das klingt selbstverständlicher, als es im Alltag der Fall ist: Wir besitzen ein psychologisches Grundtalent, die Schuld nicht bei uns zu suchen oder diese zumindest als geringer einzustufen als die des anderen. Im Streit rechtfertigen wir unser Verhalten. Außerdem: „Hätte er nicht ... dann wäre ich auch nicht ..." und so weiter. Einge-stehen tut weh. In dem Maße, in dem ich meine Schuld nehme und das Verletzende daran spüre, beginne ich erst, zu ihr zu stehen. Bitten Sie jemand erst um Vergebung, wenn Sie wirklich Ihre Schuld annehmen und das Ausmaß der Verletzung erkennen wollen. Davor wäre jede Bitte um Entschuldigung, um Entschuldung also, Unsinn und nur leeres Gerede und damit neuerlich verletzend. Wenn Sie um Vergebung bitten, sollten Sie meinen, was Sie sagen.

- Vergib mir bitte, dass ich dir oft nicht gezeigt habe, wie viel du mir bedeutet hast ...
- Es tut mir so Leid um die vielen ungenützten Stunden ...
- Ich bitte dich um Vergebung für so viele Sticheleien, die völlig unnötig gewesen sind ...
- Ich habe dir nicht nur einmal zu verstehen gegeben, dass ich dich körperlich nicht mehr anziehend finde. Dann habe ich dich nicht mehr berührt. Bitte vergib mir ...
- Vergib mir bitte mein Schweigen gegenüber ... Du hättest meine Unterstützung gebraucht, als ...
- Weil ich viele berufliche Ideen umsetzen wollte, hast du auf vieles verzichten müssen. Weil mir ... wichtiger waren, habe ich kaum wahrgenommen, was dich interessiert. Ich habe das wohl vermieden, weil ich dadurch selbst hätte zurückstecken müssen. Vergib mir, dass ich ...
- Vergib mir, dass ich mit dir nicht mehr ... obwohl du mich so oft darum gebeten hast. Ich habe es immer wieder verschoben. Vergib mir meine vielen Vertröstungen auf das kommende Jahr ...
- Vergib mir, dass ich oft meine Liebe zu dir davon abhängig machte, wie viel du mir geben konntest ...

Viel zu spät

Du bist nicht mehr da.
Ich bin gegangen.
Es gäbe heute so viel zu sagen.
Vor allem möchte ich dich um Verzeihung bitten.

Und ich wünsche mir nichts sehnsüchtiger,
als dass du mir verzeihst.
Verzeih mir all das,
was ich dir angetan habe.
Es waren vor allem die kleinen Unachtsamkeiten,
das Laue und das alltägliche Nebenher,
die mir nach den Monaten unserer Trennung
bewusst werden.
Verzeih mir noch viel mehr,
was ich nicht getan habe,
was ich dir an Liebe schuldig blieb,
weil mein Herz eng war und kühl.
Oft war nur mein Körper bei dir
und mein Gefühl für dich weit weg.

Heute tut weh,
was ich damals nicht tat.
Es hätte so viele Gelegenheiten gegeben,
anders zu sein,
anders mit dir zu leben,
anders mit dir zu reden.
Ich hätte dich
viel mehr lieben können,
als ich es oft tat.
Heute tut es weh – viel zu spät.
Was ich tat oder nicht,
war so und ist ein Teil von mir.
Es ist ein Teil unserer gemeinsamen Geschichte.
Und du hattest mich dennoch geliebt,
wie ich war.

Dein weites Herz ist es,
das mich hoffen lässt,
dass du mir vergibst,
dass du mir auch jetzt noch verzeihst.
Bitte vergib mir.

Wenn du um Vergebung bittest,
sollst du es tun,
wenn du mit dem Herzen meinst,
was du mit den Worten sprichst.

5. Schritt: „Ich vergebe mir ..."

„Ich vergebe mir alles, was ich dir und mir angetan habe, aus ganzem Herzen."
Dieser Schritt der Vergebung ist der schwierigste – zumindest für mich. Ich habe es auch bei vielen so erlebt, die ich begleitet habe: „Das vergebe ich mir nie, dass ich ..." So oder ähnlich klingen die inneren Sätze, mit denen man eine unglückselige Situation vergessen machen möchte und dennoch von ihr nicht loskommt. Bevor wir uns selbst vergeben, quälen wir uns lieber mit Selbstvorwürfen bis hin zu Formen der Selbstbestrafung: Ich gönne mir dann etwas nicht mehr – vor allem keine Lebensfreude. Dann geschieht es mir nur recht, wenn ... und so weiter. Lieber ziehen wir uns das Büßerhemd an, als uns selbst zu vergeben.
Eine mir wichtige Person sagte zu mir einmal, dass ich erst dann anderen Menschen vergeben kann, wenn ich in der Lage bin, mir selbst zu vergeben.

- Ich vergebe mir, dass ich damals offenbar nicht anders konnte, als ...

- Ich vergebe mir, dass ich meinen Teil dazu beigetragen habe, dass ...
- Ich verzeihe mir, dass ich damals so reagiert habe ...
- Ich vergebe mir, dass ich es verabsäumt habe ...
- Ich höre auf, mir selber nachzutragen, dass ich ...
- Du bist nicht mehr da. Ich habe mir hundert Mal schon Vorwürfe darüber gemacht, dass ich damals nicht ...
- Ich glaube, dass ich es uns beiden schuldig bin, mir selbst zu verzeihen, damit das Vergangene ruhen kann ...

6. Schritt: „Ich vermisse dich ..."

Damit wir eine Person loslassen können, müssen wir den Schmerz zulassen, der mit dem Verlust verbunden ist. Einen geliebten oder vertrauten Menschen zu verlieren tut verdammt weh! Wenn Sie mit jemandem über viele Jahre das Leben und den Alltag geteilt haben, dann sind Sie mit ihm zusammengewachsen und zusammen gewachsen. Ein Stück gemeinsame Lebensgeschichte, ein „wir zwei" ist plötzlich zu Ende. Sie verlieren nicht nur einen anderen Menschen. Sie verlieren einen Teil ihrer selbst. Es fehlt ein riesiges Stück unseres Lebensgebäudes, eine ganze Häuserfront. Sie spüren keinen Boden unter den Füßen und haben durch den Verlust die Orientierung verloren. Je größer Ihre innere Verbindung und Liebe zu einem Menschen war, umso größer ist der Schmerz, wenn Sie ihn verlieren. Wer sich auf die Liebe einlässt, lässt sich automatisch auf den Schmerz ein. Diesen tiefen Schmerz zuzulassen kann noch viel schwieriger sein als alle vorhergehenden Schritte, weil es so wehtut!

Das Vermissen auszusprechen bedeutet zu sagen: „Ich lasse das NIE MEHR zu, auch wenn ich es fast nicht verkrafte." Du kommst nie mehr wieder zur Tür herein. Du umarmst mich nie mehr. Ich spüre dich nie mehr. „Die Trauer um einen lieben Menschen", sagt die Therapeutin Verena Kast, „bringt einen nicht um. Sie bringt einen aber fast um." Erlauben Sie sich, den Schmerz zuzulassen, auch wenn es höllisch wehtut. Tränen sind gut und wichtig. Weinen ist heilsam für die Seele und den Körper. Weinen unterstützt Sie darin, die Trauer überhaupt auszuhalten. Weinen spült den Schmerz langsam hinaus. Weinen befreit und erleichtert das Herz. Ich empfehle Ihnen deshalb: Weinen Sie, wenn Ihnen danach zumute ist! Vielleicht suchen Sie sich einen Ort oder eine Person, wo oder bei der Ihnen das leichter fällt. Sich für seine Tränen zu schämen oder zu entschuldigen, ist schlichter Unsinn! Es ist vielmehr so, dass es problematisch ist, wenn jemand seine Trauer nicht ausdrücken kann. Erlaubt ist, was Sie im Trauern unterstützt. In südlichen Ländern gibt es die Tradition der so genannten Klageweiber, die man sogar mieten kann. Sie unterstützen mit ihrem Klagen und Weinen die Trauernden und nehmen auf diese Weise einen

Teil der Trauer fort. Wenn andere mit Ihnen gemeinsam trauern, Nachbarn oder Freunde, tragen diese wieder ein Stück Ihrer Trauer davon.
Drücken Sie mit Worten und Tränen aus, was Ihnen genommen worden ist und fehlt.

- Ich vermisse dich so sehr! Ich vermisse ...
- Du fehlst mir! Es fehlen mir ...
- Gerne hätte ich noch ...
- Schade, dass ich nicht mehr dazu gekommen bin ...
- Um wie viel schöner wäre es ...
- Wenn ich durch unser Haus gehe, erinnert mich so viel an dich ...
- Gestern habe ich mir die Bilder vom letzten gemeinsamen Urlaub angesehen ...
- Ich kann im Moment nur weinen ...
- Ich muss ständig weinen, wenn ...
- Ich denke immerzu an ...
- Es tut so weh ...

Mir fehlt so viel

Mir fehlt dein Lachen.
Mir fehlt dein Staunen.
Mir fehlt deine Wärme.
Mir fehlen deine Augen.
Mir fehlt deine Offenheit.
Mir fehlt dein Tatendrang.
Mir fehlt dein Nachdenken.
Mir fehlt deine Sturheit.
Mir fehlt deine Vergesslichkeit.

Mir fehlen deine Füße.
Mir fehlt dein ganzer Körper.
Mir fehlen deine Hände.
Mir fehlt dein Bauch.
Mir fehlt dein Po.
Mir fehlt deine Haut.
Mir fehlt dein Geruch.
Mir fehlt dein Gesicht.
Mir fehlt dein Mund.
Mir fehlt deine Liebe.

Was mir fehlt,
bist DU.

Die endgültige Trennung von einem geliebten Menschen verändert unser Leben von einer Stunde auf die andere. Ein Stück neue Routine wird uns nach kürzerer Zeit für das alltäglich Notwendige möglich. Doch die Tränen des Herzens, die Trauer um das, was wir unwiederbringlich verloren haben, braucht sehr viel länger, um mit dem „NIE MEHR!" fertig zu werden. Trauer und Tränen brauchen ihre Zeit. Es geht nicht anders und nicht schneller.

kein trost

als ich weinte
in deinen armen
hast du nicht versucht
meine tränen zu stillen
du hast mich festgehalten
damit ich weiter weinen konnte

so hast du mir geholfen

H.-C. Flemming

7. Schritt: „Ich liebe dich ..."

Ich drücke meine Liebe aus, die ich für den Menschen empfinde, den ich loslasse.
Die höchste Form, Liebe auszudrücken, ist, mit meinem ganzen Herzen zu sprechen: „Ich liebe dich!" oder „Ich liebe dich aus ganzem Herzen!" Es soll im konkreten Fall jene Form und Formulierung sein, die die Beziehung zu dieser Person stimmig ausdrückt.
Die empfundene Liebe in einem eigenen Schritt auszudrücken ist sinnvoll. Im Alltag tun wir dies meist zu wenig. Wenn Sie an den 11. September 2001 denken, diesen Terroranschlag in New York, da gab es einige Passagiere in den Unglücksflugzeugen, die nützten ihre letzten Minuten vor dem sicheren Tod dazu, noch jemanden anzurufen. Was haben sie getan? Sie haben ihre Liebsten angerufen und ihnen gesagt: „Ich liebe dich!" Es war für sie das Wichtigste, ihnen zu sagen: „Ich liebe dich!" Durch den 11. September ist mir persönlich etwas wieder sehr wesentlich geworden: Ich warte mit wichtigen Dingen nicht mehr zu, denn es könnte später zu spät sein. Warten Sie nicht bis morgen mit dem, was Ihnen heute wichtig ist, gerade wenn es um die wesentlichen Dinge im Leben geht. Sagen Sie denen, die Sie lieben, was Sie für sie empfinden: Ihren Eltern, Partnern, Kindern und Freunden. „Ich liebe dich!" sind drei herrliche Worte, die Sie gar nicht oft genug sagen und Ihre Lieben hören können. Das

Zeigen unserer Liebe behält immer seinen Wert, jetzt und über den Tod hinaus.

- Ich möchte dir sagen: Ich liebe dich aus ganzem Herzen ...
- Du bist mein ...
- Es mag aus meinem Munde komisch klingen, weil ich so etwas nie sage ...
- Wenn ich dir sage: Ich mag dich, ist das zu wenig ...

Liebe zu leben und auszudrücken, steht – wie bereits angedeutet – in enger Verbindung zum Schmerz. Liebe und Schmerz sind voneinander nicht zu trennen. Wenn bei der Trennung kein Schmerz erlebt wird, liegt die Vermutung nahe, dass Sie den anderen nicht wirklich geliebt haben oder dass die Liebe zum Zeitpunkt der Trennung nicht mehr vorhanden war. Sie können einen Menschen als angenehm, als sympathisch empfinden und die Trennung und den Abschied sehr bedauern. Wenn Sie einen Menschen geliebt haben, leiden Sie!

Was vermisst du?

Es war bei mir einmal eine junge Frau, die die Beziehung mit ihrem Verlobten beendet hatte. Ich fragte sie: „Gibt es irgendetwas, was du vermisst? Gibt es etwas, was dir fehlt?“ Sie sagte: „Nein, nichts.“

Manche Menschen leben emotional generell mehr auf der Mittellinie. Das heißt sie leben, geben und empfinden wenig Liebe. Das hat den „Vorteil", damit auch dem Schmerz zu entgehen. Mir persönlich zeigt meine Erfahrung: Erst wenn ich mich auf die Liebe und auf eine Beziehung einlasse, entdecke ich die Fülle des Lebens und meine Lebendigkeit. Lieben heißt, sich ganz auf das Leben einzulassen. Der Preis dafür ist der Schmerz. Die Trennung von einem Menschen, den Sie aus ganzem Herzen lieben, gehört wohl zu den intensivsten und schlimmsten Erfahrungen. Darum habe ich vor der Liebe immer große Achtung. Nicht wegen der Liebe, sondern wegen des Schmerzes, der damit verbunden ist. Wenn ich zu meinem Sohn zu Hause sage: „Du, es macht mir überhaupt nichts aus; ich bin froh, dass ich wieder zum Seminar fahren kann", dann beleidigt ihn das. Wenn er aber spürt, dass es mich schmerzt, dass ich jetzt wegfahren muss, dann sagt er zu mir: „Vati, es ist schon okay. Fahre!" Dieser Schmerz muss spürbar sein, dann ist es ein Zeichen dafür, dass Liebe da ist.

Wenn ich mich auf die Liebe einlasse, lasse ich mich gleichzeitig auf den Schmerz ein.

Der Hundling

Eine 64-jährige Frau bat mich, sie beim inneren Abschiednehmen von ihrem Mann zu begleiten. Dieser war vor zwei Jahren verstorben. Wir arbeiteten gemeinsam an den einzelnen Schritten. Ich fragte sie: „Gibt es etwas, was Sie Ihrem Mann übel nehmen?“ Sie sagte: „Nein, da gibt es nichts. Es waren 25 schöne Ehejahre. Wir haben uns ausgezeichnet verstanden.“ Ich fragte sie weiters, wofür sie ihrem Mann danken möchte. Sie schilderte mir daraufhin, wie toll ihr Mann gewesen sei, wie viel sie gemeinsam unternommen und geschafft hätten. Dafür sei sie tief dankbar.

Dann kamen wir zu jenem Punkt, an dem ich sie fragte: „Können Sie zu Ihrem Mann sagen: Ich liebe dich!“ Sie sagte: „NEIN!“ Ich war von dieser Antwort ganz überrascht, weil sie vorher gesagt hatte, dass es nichts gebe, was sie ihm übel nehmen würde, und weil sie ihrem Mann offenbar für alles so dankbar war. Aus diesem Grunde nahm ich an, dass der Punkt „Ich liebe dich!“ ein ganz einfacher sein würde. Und nun sagte sie: „NEIN!“ Ich fragte sie: „Wieso können Sie ihm das nicht sagen?“ Daraufhin die Frau: „Dieser Hundling hat mich hier sitzen lassen! Jetzt bin ich allein und habe niemanden mehr.“

Nun sagte ich: „Zurück zu Schritt 1: Ich nehme dir übel ... Ich nehme dir übel, dass du mich allein und im Stich gelassen hast ...“

Manchmal kommt der Zorn heraus, wenn die Liebe gezeigt wird. Oft zeigt sich die Liebe zu einem Menschen, der einem fehlt, im Gewand des Vorwurfs. Es ist der Schmerz der fehlenden Zuwendung und des

Allein-gelassen-Werdens. Ich selbst habe mit meinem verstorbenen Vater richtig gebrüllt. Ich habe ihn auf das Schlimmste beschimpft, weil er mich so früh allein gelassen hat. Ich war Kind ohne Vater. Solche Vorwürfe müssen heraus! Sie verstopfen das Herz. Aus diesem Blickwinkel ist dieser siebte Schritt ein Prüfstein für allfällige Restbestände von Ärger und anderen Verletzungen.

8. Schritt: „Ich ehre und ich achte dich ..."

„Ich ehre und ich achte dich. Und ich verneige mich vor dir."

Dieser Schritt ist ein wahrer Prüfstein. Wenn Sie die bisherigen Schritte innerlich nicht wirklich vollzogen und abgeschlossen haben, ist es Ihnen nicht möglich, jemanden zu ehren und sich vor dieser Person zu verneigen – maximal ein Lippenbekenntnis. Sie spüren es körperlich, was stimmig ist – also stimmt – und was nicht. Wenn noch Verletzungen da sind, bringen Sie keine Achtung über das Herz zustande. Offene Wunden, offene Ver-achtungen und Missachtungen machen eine innere Achtung unmöglich. Ich habe diese Tatsache schon bei sehr vielen Menschen beobachtet: Sie konnten sich nicht verneigen. Ihr Nacken und Rücken wurden steif, als wenn sie einen Stock verschluckt hätten. Es geht nicht. Sie können sich nur vor jemandem verneigen, wenn sie entweder dazu gezwungen werden, es der

Etikette entspricht oder wenn sie dieser Person tatsächlich dankbar sind und ihr vergeben haben. Dann wird eine Verneigung gelingen und ich werde ehrlich sagen: „Ich ehre und ich achte dich."

- Liebe/Lieber ..., ich verneige mich vor dir aus ganzem Herzen ...
- Ich ehre und achte dich als Menschen (ich verneige mich dazu innerlich oder tatsächlich) ...
- Ich ehre und achte dein Schicksal, das dich geformt hat ...
- Du hast dein Leben gelebt, so gut es dir möglich war. Darin bist du mir zum Vorbild geworden ...
- Ich ehre deine Stärken und deine Schwächen ...
- Danke, dass ich dich zur Mutter/zum Vater/zum Partner/zum Freund haben durfte ...
- Ich möchte dir meinen persönlichen Orden für „Mensch-sein" verleihen ...
- Ich gebe dir die Ehre ...
- Ich würdige dich und alles, was du geleistet hast ...

Ich erinnere mich an eine Begegnung mit einem Mann, der in Wien zu Hause war. Sie ist viele Jahre her und dennoch hat sich die wichtigste Erkenntnis aus dieser Begegnung in meinem Gedächtnis eingeprägt:

Drei Worte

Der Mann hatte eine 19-jährige Tochter – ein bildhübsches, intelligentes Mädchen. Sie hatte zu diesem Zeitpunkt gerade ihren schulischen Abschluss

mit Auszeichnung absolviert. Demnächst sollte sie den Betrieb des Vaters übernehmen. Bei einer Bergtour mit dem Vater stürzte sie jedoch von einer gut 200 Meter hohen Wand. Normalerweise waren Vater und Tochter beim Klettern besonders vorsichtig. Der relativ geringe Schwierigkeitsgrad der Route ließ jedoch die zwei Bergsteiger ein geringeres Absichern als unproblematisch erscheinen, auch ein größeres Vorausklettern des Vaters. Der Vater saß bereits oberhalb der Kante. Er ließ die Füße herunterbaumeln und sah seiner Tochter beim Klettern zu. Plötzlich schrie die Tochter, mitten in der Wand hängend, um Hilfe. Sie hatte einen Wadenkrampf bekommen. Der Vater kletterte sofort zu ihr hinunter, um ihr zu helfen. Kurz bevor er sie erreichte, verließen die Tochter die Kräfte. Sie konnte sich nicht mehr halten und stürzte die Wand hinunter. Sie war auf der Stelle tot.
Der Mann war dem Wahnsinn nahe. Sein Liebstes war tot. Er lief von Therapeut zu Therapeut und von Seelsorger zu Seelsorger um Hilfe, sogar zu einem Bischof. Geholfen hat ihm ein Rat von Viktor Frankl, dem Begründer der Logotherapie und Existenzanalyse. Frankl sagte nur drei Worte zu ihm und diese drei Worte waren heilsam. Er sagte zu diesem Vater: „BEWAHRE IHR ANDENKEN!" Das hat er dann auch gemacht. Er hat einen Wandertag nach ihr benannt. Er stiftete der Schule seiner Tochter eine Diaschau über das Bergsteigen, die ihren Namen trägt. Er hat einen Preis gestiftet, der ebenfalls den Namen der Tochter trägt. In seinem Zeitplanbuch befindet sich ein Foto seiner Tochter. Er bewahrt ihr Andenken.

Ich habe mir von diesem Vater aus Wien etwas abgeschaut. Ich habe früher in meinen Kalender immer die Geburtstage eingetragen, heute trage ich auch die Sterbetage ein – die Sterbetage von Menschen, die wichtig für mich waren und deren Andenken ich bewahren möchte. Wenn ein derartiger Sterbetag ist, zünde ich am Morgen eine Kerze an, und manchmal stelle ich noch ein Foto dazu. An diesem Tag gedenke ich dieses Menschen. Gelegentlich gehe ich auch an sein Grab. Eine Frau, die ich beim Abschied ihres Mannes begleitet habe, bewahrt dessen Andenken, indem sie im gemeinsam gebauten Haus wohnen bleibt, obwohl es zu groß ist. Einmal pro Jahr macht sie zum Gedenken an ihren verstorbenen Mann eine Radtour. Ein anderer Mann hat zum Gedenken an seine Mutter im Wohnraum einen kleinen Altar errichtet. Gedenken können wir erst richtig gut, wenn wir uns mit dem, den und was wir loslassen, wirklich versöhnt haben. Sonst kann man nicht gut gedenken.

Bewahre das Andenken! Wenn wir das Andenken von Menschen nicht bewahren, sterben Menschen ein zweites Mal. Das erste Mal sterben sie, wenn sie physisch sterben; das zweite Mal sterben sie, wenn sie vergessen werden. Dies geschieht normalerweise nach drei bis vier Generationen, manchmal auch schon früher.

9. Schritt: „Es geht gut weiter ..."

Die nun folgenden beiden Schritte sind vor allem für jene Person wichtig, die geht oder schon von uns gegangen ist. Personen, die gehen, brauchen das Gefühl, dass die, die zurückgelassen werden, in guten Händen sind. Dann finden sie Ruhe und können gehen. Die Kernbotschaft dieses Punktes lautet: „Ich verspreche dir, dass es mit mir gut weitergeht."

- Mach dir keine Sorgen, dass ...
- Ich schaffe es schon. Ich bin auch nicht ganz allein ...
- Ich lebe noch eine Weile, dann komme ich auch ...
- Ich bin hier gut aufgehoben. Mein ... kümmert sich um mich ...
- Wir versprechen dir, wir Geschwister halten zusammen ...
- Mach dir keine Sorgen um ... Ich kümmere mich ...
- Ich werde deine Arbeit/deinen Betrieb in deinem Sinne weiterführen ...
- Ich weiß, dass du es jetzt leichter hast. Deine Schmerzen sind weg. Bis wir uns wiedersehen, werde ich darauf achten, dass ...
- Wenn du nun nicht mehr da bist, werde ich manches erst lernen müssen. Vielleicht ist das sogar gut für mich, auch wenn ich es nie so können werde wie du ...
- Dir zu Ehren und in deinem Sinne möchte ich in der Zeit, die mir noch gegeben ist ...

- Ich möchte nicht vor Kummer in mein Schneckenhaus zurück. Ich will das weiterleben, was du durch deine Liebe aus mir herausgelockt hast. Ich spüre, dass du das möchtest ...

Wir können leichter etwas loslassen, wenn wir uns um das, was uns etwas wert und wichtig ist, keine Sorgen machen müssen. Diesen Mechanismus kennen Sie und ich aus unserem Alltag: Eltern können leichter am Abend wegfahren, wenn sie ihre Kinder versorgt wissen. Das gilt auch für Gegenstände, die uns wichtig sind; wenn wir beispielsweise gute Kleidung aus dem Kasten weggeben. Wenn wir sie für einen guten Zweck hergeben, können wir uns leichter von ihnen trennen. Wenn wir Geld spenden, fällt uns das leichter, wenn wir wissen, dass es bei den Bedürftigen sicher ankommt. Wenn wir uns von wertvollen Büchern trennen, soll sie jemand übernehmen, der sie schätzt.

Mein bestes Stück

Nach sieben Jahren wollte ich mein bestens gepflegtes Auto verkaufen. Es hatte mir die ganzen Jahre über treu gedient und mich auf vielen Wegen begleitet. Ich war stolz auf mein Auto. Ich konnte es jedoch nicht verkaufen. Keiner wollte es mir abkaufen, bis ich erkannt hatte, dass ich es innerlich nicht hergeben wollte. Nach einem halben Jahr war es – oder besser ich – so weit. Ich schaltete eine Annonce, auf die hin sich ein einziger Interessent meldete. Nach einem kurzen Telefonat war dieser

20 Minuten später da und das Auto verkauft. Warum das so schnell ging? Er kam mit demselben Autotyp, wie ich ihn gehabt hatte. Sein Wagen war 12 Jahre alt und in einem erstklassigen Zustand. Ich wusste innerlich, dass mein Auto bei ihm in guten Händen sein würde. Da konnte ich es loslassen.

Eltern sterben schwer, wenn sie das Gefühl haben, dass es mit und unter den Kindern nicht gut weitergeht. Sorgen binden und lassen die nicht los, die sie in Sicherheit wissen wollen.

In guten Händen

Im Rahmen einer systemischen Familienaufstellung konnte jener, der die Rolle des Vaters einer Tochter übernommen hatte, nicht von der Seite der Tochter weichen. Die Tochter war seit vielen Jahren verheiratet. Der Vater konnte nicht gehen. Er konnte sie seinem Schwiegersohn nicht überlassen. Das war auch im realen Leben tatsächlich der Fall. Der Vater hatte sich bis zu diesem Tag noch immer in das Leben und die Ehe der Tochter eingemischt. In der Aufstellungsarbeit war ein wesentlicher Schlüssel zur Lösung, dass der Schwiegersohn die Tochter erst noch zu seiner Frau und Partnerin nehmen musste. Dem Vater fehlte zu diesem Zeitpunkt noch das Gefühl, dass seine Tochter beim Schwiegersohn gut aufgehoben sein würde. Als dies in der Aufstellung sichergestellt war, begann der Vater zufrieden zu lächeln und konnte gehen.

Menschen wollen wissen, dass es gut weitergeht. Das zu erfahren, mag in manchen Fällen noch am

Sterbebett möglich sein und manchmal erst danach. Für den Seelenfrieden von Verstorbenen hat dies große Bedeutung.
Der Blick auf das Vergangene ist nun ruhig. Die Schritte 9 und 10 widmen sich dem letzten Blick aufeinander und dem Wenden auf die jeweils eigene Seite: Der eine kann nun in Frieden scheiden und ruhen. Der andere wendet sich wieder dem Leben zu. Dieses Sich-Hinwenden zum Leben hat sich in Formulierungen bereits angedeutet: „Ich lebe noch eine Weile ..." oder „Ich werde in deinem Sinne und dir zu Ehren mein Leben weiterführen ..." So gesehen ist bereits der 9. Schritt ein wichtiger für den, der bleibt. Es ist ein Schritt in die Lebens-richtung.

10. Schritt: „Ich bitte dich ..."

> Wir können von Toten und sie von uns lassen,
> wenn sie von uns gewürdigt
> und wir durch sie gesegnet sind.
>
> *Bert Hellinger*

„Ich bitte dich um deinen Segen."
Im 10. Schritt bitten nun die, die auf Erden weiterleben, jene, die gehen, um den Segen. Es geht hier um zwei Dinge: um das Bitten und um den Segen.

Ohne Bitte kann niemand – auch keiner, der geht oder bald sterben wird – etwas gewähren. Zu bitten ist die erste Voraussetzung bei diesem Schritt.

Der Segen ist die Grundkraft des Lebens, sagt Sigmund Mowinckel. Vielen Menschen ist der Segen mehr aus dem religiösen Hintergrund und als Handlung von Priestern bekannt. Aber selbst in der Kirche ist der Segen etwas, was auch Laien spenden können. Das Wort selbst kommt aus dem Lateinischen „benedicere": jemandem Gutes wünschen. Ohne traditionellen Glaubenshintergrund betrachtet ist der Segen eine geistige und energetisch wirkende Form der Zuwendung. Die Tradition der so genannten Kirchenväter weiß von der besonderen Kraft des Segens der Sterbenden zu berichten. So ist bei Ambrosius nachzulesen: „Es möge die Seele beim Verlassen der Leibeswohnung dir den reichsten Segen zuführen" (nach der Schrift „Vom Segen des Todes"). Darauf geht auch die Wendung im Deutschen „das Zeitliche segnen" zurück. So segnet der Abschiednehmende das Leben seiner Erdenzeit und wünscht denen das Allerbeste, die noch bleiben. Einander zu segnen ist uns als Form der Zuwendung eher abhanden gekommen. Der, der jemanden segnet, wünscht einem anderen Kraft, Schutz und Wohlergehen. Manche Abschiedsrituale in diese Richtung sind noch lebendig: wenn Mütter ihren Kindern vor dem Weggehen über die Stirn streichen oder mit dem Weihwasser das Kreuzzeichen auf die Stirn zeichnen. Jemanden zu segnen bedeutet auch, den anderen seinen eigenen Weg gehen zu lassen und ihn dabei mit aller Liebe zu begleiten.

- Liebe/Lieber ..., ich bitte dich, begleite mich mit deinem Segen ...
- Ich bitte dich, sei mir ein guter Freund ...
- Ich bitte dich, sei mir im Jenseits gewogen ...
- Sei mir ein guter Geist, Fürsprecher und Schutzengel ...
- Begleite mich mit deiner Liebe ...
- Schenke mir die richtigen Gedanken, wenn ich versuche, dein Werk fortzuführen ...

Am stärksten habe ich in meinem Leben jene Segensbitten und Segensrituale erfahren, die ich an der Lebenswende hin zum Sterben miterleben durfte. Wenn Erwachsene am Sterbebett der Eltern diese um den Segen bitten und die Eltern ihre Kinder mit einfachen Worten und Gesten segnen, ist das ein würdevoller und intensiver Moment.

Die drei Söhne

Drei Söhne, die untereinander zerstritten waren, hatten sich nach vielen Jahren das erste Mal am Sterbebett des Vaters wieder getroffen. Sie haben es, zusammengeführt durch dieses Ereignis, innerhalb weniger Stunden geschafft, ihren Streit beizulegen und sich zu versöhnen. Kurz vor dem Sterben gab der Vater jedem seiner Söhne den Segen. Ich habe gespürt, dass mit dieser Begegnung und dem Segen etwas Wichtiges gelöst und geschehen war. Gelöst – auch im Sinne von losgelassen.

Andrea Kern spricht in ihrem Buch „In Würde Abschied nehmen" vom Wert und vom hilfreichen Ritual des Segens – gerade in dieser schwierigen Zeit der Trauer. Ich möchte Ihnen ihre Segenswünsche für Trauernde sowie einen Text von Antje Sabine Naegeli anbieten. Beide Texte – oder besser: Gebete und Bitten – sind nicht nur gute Wünsche an Trauernde. Sie beinhalten in ihren Aussagen auch die wichtigsten Schritte des Trauerns, Loslassens und Neu-Beginnens.

Ich segne deine Gedanken,
dass sie immer wieder aus dem Grübeln heraus ins Leben zurückfinden.
Ich segne dein Gesicht,
damit es die Tränen aushalten und Lachen zulassen kann.
Ich segne deine Schultern,
damit sie dir Kraft geben, die kommende Zeit zu tragen.
Ich segne dein Herz,
damit es die Liebe findet, die der Quell allen Trostes ist.
Ich segne deine Mitte,
damit du dein eigener Quell der Stärke bist.
Ich segne deinen Mut,
der dich durch die Trauer trägt.
Ich segne deine Tränen,
die den Schmerz von dir lösen.
Ich segne deine Kreativität,
damit du immer wieder Wege findest, die dich weitertragen.

Andrea Kern

Gesegnet deine Trauer,
dass du nicht erstarrst vor Schmerz,
sondern Abschied nehmen
und dich behutsam lösen kannst,
ohne dich verloren zu geben.

Gesegnet deine Klage,
dass du nicht verstummst vor Entsetzen,
sondern herausschreien kannst,
was über deine Kraft geht
und dir das Herz zerreißt.

Gesegnet deine Wut,
dass die Entmutigung dich nicht überwältige,
sondern die Kraft in dir wachse,
für dich zu kämpfen,
trotzdem dein Leben zu wagen.

Gesegnet deine Einsamkeit,
dass du Raum findest,
Vergangenes zu ordnen,
ohne schnellen Trost zu suchen
und in blinder Flucht
neues Unheil auf dich herabzuziehen.

Gesegnet du,
dass du Unsicherheit aushalten
und Ängste bestehen kannst,
bis du wieder festen Grund spürst unter deinen Füßen
und ein neuer Tag dir sein Licht schenkt.

Antje Sabine Naegeli

Ich lasse dich los

Wenn Sie die zehn Schritte gegangen sind, schlage ich Ihnen vor, einen bewussten Abschluss zu setzen und laut auszusprechen – oder zumindest für Sie selbst hörbar: „JETZT LASSE ICH DICH LOS!" Oder: „ICH GEBE DICH FREI!"

Eine weitere Hilfe kann für Sie sein, diesen inneren Akt mit einer symbolischen Handlung zu verstärken, die Ihnen für diesen Abschied passend erscheint. Das kann das Aufstellen eines Bildes dieser Person sein, der Sie einen bestimmten Platz in Ihrem Wohnraum geben. Es kann ein kleines Ritual sein, indem Sie bestimmte Gegenstände oder Geschriebenes, die in Verbindung mit dieser Person stehen, an einem würdigen Ort begraben, verbrennen oder an einen besonderen Ort bringen.

Es geht allein darum, für den inneren Vollzug ein äußeres würdiges Zeichen zu setzen, mit dem Sie selbst etwas anfangen können. Dafür gibt es keine richtigen Vorgaben. Was stimmig ist, können und müssen Sie selbst entscheiden.

Des Lebens Ruf an uns wird niemals enden.
Wohlan denn, Herz, nimm Abschied und gesunde!

Hermann Hesse

Ein Freund von mir hat für jene Menschen, von denen er sich verabschiedet, eine besondere Schale. Diese befindet sich in seinem Wohnzimmer an einem ganz bestimmten Platz. In sie gibt er Gegenstände von jenen Menschen, die er verabschieden möchte. Mit diesen Gegenständen geht er über das Jahr den Weg des Abschieds, bis sich die Trauer so weit verwandelt hat, dass er die Menschen loslassen kann.

Loslassen

Traue dich loszulassen, freizugeben,
dich selbst und den/die, um den/die du trauerst.
Denn du sollst weiterleben, du darfst weiterleben.
Es wird immer genug da sein, dies zu vollbringen.
Indem du ihn/sie loslässt, verrätst du ihn/sie nicht.
Du wirst dein eigenes Leben auf dich nehmen,
Schritt für Schritt, Tag für Tag, Stunde um Stunde.
Je weiter du kommst, desto mehr wird die Angst davor schmelzen
wie der Schnee in lang ersehnter Sonne.
Das, was war, lässt sich nicht festhalten:
Je mehr du danach greifst, desto mehr zerrinnt es wie feiner, trockener Meeressand zwischen den Fingern.
Traue dich loszulassen, freizugeben und scheinbar ohne Halt weiterzugehen.
Was gewachsen ist und Liebe war, ist unvergänglich, unumkehrbar.
Es wird dich tragen, wenn du dich tragen lässt, loslässt in freie Bewegung.
Erinnerung wird bleiben, unbedrohlich, lebensstark.
Du kannst leben, glaube mir, jetzt, sofort und immer mehr.

Jochen Jülicher

Der erste Schritt,
den Schmerz zu verwandeln,
ist die Erinnerung.

Der zweite Schritt,
um die Trauer in Leben zu verwandeln,
ist das Anschauen der eigenen Gefühle.

Der dritte Schritt der Verwandlung
ist das Loslassen.

Anselm Grün

Bewahre das Andenken!

Einfache Dinge, Symbole oder kleine Zeichenhandlungen und jährlich wiederkehrende Rituale unterstützen Sie dabei. Das Andenken eines Menschen zu bewahren bedeutet, dass Sie jemandem einen würdigen Platz im Leben geben. Dabei kann dieser „Platz" alles Mögliche sein: ein Ort, eine bestimmte Zeit des Gedenkens am Tag, eine bestimmte Begegnung, eine Feier zu einem besonderen Tag im Jahr. Ich möchte Sie an den Vater aus Wien erinnern, der sich für seine verstorbene Tochter vielfältige Formen überlegt hat, wie er ihr Andenken auf besondere und für sie passende Weise bewahren kann.
Ähnliches können Sie für Ihre Menschen überlegen, derer Sie gedenken wollen.

- Eine Gedenkecke in der Wohnung einrichten.

- Tage, die Sie mit dieser Person verbinden, bewusst gestalten.
- Einmal im Monat das Grab besuchen.
- Einen Gegenstand oder ein Bild dieses Menschen bei sich tragen.
- Gemeinsame Freunde jährlich zu einem Gedenkessen einladen.
- Am Todestag eine Kerze anzünden.
- Am Todestag eine Kirche aufsuchen und in Stille ein Gebet sprechen.
- Hobbys, Lieblingsbeschäftigungen und das, was Menschen in ihrem Leben wichtig war, bieten meist viele Anknüpfungspunkte, ihr Andenken zu bewahren.

Es wird gut sein, wenn Sie in den ersten Monaten das Bedürfnis verspüren, das Gedenken an diese Person in die Mitte zu rücken, an einen zentralen Ort in Ihren Wohnräumen (Wohnzimmer, Schlafzimmer...). Erschrecken Sie nicht, wenn sich mit der Zeit dieses Bedürfnis verändert und Sie zum Beispiel das Bild vom Tisch in der Mitte auf die Kommode an der Seite des Wohnzimmers stellen wollen. Ich halte das für ein wichtiges Zeichen für Ihre Trauerbewältigung. Die Trauer braucht nun offenbar nicht mehr in der Mitte Ihres Lebensraumes und im zentralen, alltäglichen Geschehen zu stehen. Ihr Herz wird freier für das Leben. Die verstorbene Person ist weiterhin da. Sie steht Ihnen nunmehr zur Seite, hier mit dem

Bild auf der Kommode sogar sprichwörtlich. Sie ehren auch weiterhin die verstorbene Person und gedenken ihrer. Diese wird Sie ihrerseits mit guten Gedanken begleiten und beschützen. Das ist wohl auch das innerste Wesensmoment jeder Ahnengalerie in Wohnräumen und in Betrieben.
Und letztendlich muss ich Tote auch tot sein und ruhen lassen.

Man lebt nur zweimal:
das erste Mal in der Wirklichkeit,
das zweite Mal in der Erinnerung.

Honoré de Balzac

Wie kann ich mit den zehn Schritten arbeiten?

Im besten Fall können Sie viele dieser Schritte gemeinsam mit jener Person gehen, von der Sie sich verabschieden möchten oder müssen. Oft ist dieser gemeinsame Weg jedoch nicht mehr möglich oder sinnvoll.
Ich kann diese „Zehn Schritte zum Loslassen" auch allein gehen. Das ist möglich: Sie können das in Form eines Briefes tun. Ein mögliches Ritual dazu ist, wenn es sich um einen Verstorbenen handelt, dass Sie diesen Brief in die Erde des Grabes geben. Sie können zu den einzelnen Schritten zeichnen, malen oder etwas aus Ton anfertigen. Sie können im Gespräch

an einem ruhigen Ort das laut aussprechen und es so sagen, wie wenn der andere jetzt hier wäre. Sie können auch beim Spazierengehen den einzelnen Themen nach-gehen und so weiter. Wählen Sie dafür jene Ausdrucksform, die Ihrer Art am ehesten entspricht. Vermeiden Sie es jedoch, Abschiede nur im Kopf zu vollziehen.

Oft ist es gut, wenn Sie Wichtiges körperlich ausdrücken oder mit jemandem darüber sprechen, was Sie im jeweiligen Schritt beschäftigt.

Generell gilt: Je mehr Sinne Sie ansprechen, desto besser gelingt Ihnen ein Abschied als ganzer Mensch und damit auch wirklich.

Viele Schritte werden Sie nicht gleich gehen können. Mancher wird Ihnen im Moment zu groß oder zu weit weg sein. Das eine oder andere steckt noch zu tief, um es schon auszusprechen und damit umgehen zu können.

Das Gehen einzelner Schritte kann auch mehrmals notwendig sein. Immer wieder tauchen Dinge auf, die Sie noch aussprechen wollen. Dieses streckenweise Gehen darf sein. Je länger und intensiver eine Beziehung war, umso länger kann es dauern, einen bestimmten Schritt des Abschieds zu tun.

Ein Ablauf für das Gehen der zehn Schritte

Manchen ist es eine Hilfe, ein Grundschema zu erhalten, wie sie die „Zehn Schritte zum Loslassen"

gehen und was sie dabei beachten sollen.
Ich möchte hier ein paar Orientierungshilfen anbieten. Sie gelten sowohl für den Fall, dass Sie in zeitlich konzentrierter Form mit den Schritten arbeiten, als auch dann, wenn Sie die „Zehn Schritte zum Loslassen" über eine längere Zeitspanne gehen.

- Stellen Sie sich zu Beginn innerlich auf die Person ein, wenn Sie Schritte des Loslassens gehen. Bei Vorträgen verwende ich gerne einen Stuhl, den ich gegenüber der Person hinstelle, die jemanden loslassen möchte. Denken Sie einige Minuten an diese Person. Lassen Sie die Bilder, Gefühle, Ereignisse, Geschichten auftauchen, die im Moment zu dieser Person da sind.
- Arbeiten Sie zunächst mit den ersten sieben Schritten.
- Beginnen Sie mit einem der ersten sieben Schritte. Folgen Sie Ihrem inneren Impuls, welcher Einstieg für Sie im Moment der geeignetste ist. Dieser Schritt wird den nächsten ergeben und so weiter. Ich halte es für wichtig, dass Sie letztlich alle sieben Schritte gegangen sind. Vielleicht fällt Ihnen zu einem Schritt im Moment nichts ein – auch nicht nach längerer Zeit. Dann gehen Sie zu einem nächsten Schritt und kommen auf den anderen später zurück. Sie werden es selber spüren, ob ein Schritt erledigt ist oder noch etwas offen ist.
- Wenn Sie alle sieben Schritte gegangen sind,

dann gehen Sie zum achten Schritt: „Ich ehre und ich achte dich. Und ich verneige mich vor dir." Er wird Ihr innerer Prüfstein für das Loslassen sein. Ein körperliches Verneigen ist ein guter Indikator, ob es schon passt.

- Danach folgen die letzten Schritte.
- Daran schließt sich das Aussprechen des Loslassens in Verbindung mit einer Geste oder einem kleinen Ritual, das das Loslassen sichtbar macht, an.
- Abschließend überlegen Sie, in welcher Form Sie diese Person in Erinnerung behalten und ihrer gedenken möchten.

Auf der nächsten Seite finden Sie nun alle zehn Schritte im Überblick ohne erklärenden Text für das eigene Loslassen.

Arbeitsblatt:
Die „Zehn Schritte zum Loslassen"

- „Ich nehme dir übel ..."
- „Ich danke dir ..."
- „Ich vergebe dir ..."
  „Ich vergebe dir alles, was du mir angetan hast, aus ganzem Herzen."
- „Es tut mir Leid ..."
  „Es tut mir Leid, was ich dir angetan habe, aus ganzem Herzen."
- „Ich vergebe mir ..."
  „Ich vergebe mir alles, was ich dir und mir angetan habe, aus ganzem Herzen."
- „Ich vermisse dich ..."
- „Ich liebe dich ..."

- „Ich ehre und ich achte dich ..."
  „Ich ehre und ich achte dich. Und ich verneige mich vor dir."
- „Es geht gut weiter ..."
- „Ich bitte dich ..."
  „Ich bitte dich um deinen Segen."

3. Fragen zum Loslassen

Lässt sich Trauer „abarbeiten"?

Trauern ist eine schwere seelische Arbeit. Wenn Sie den Weg der Trauer und die „Zehn Schritte zum Loslassen" gehen, kommen Sie auf diesem Weg Stück für Stück voran. So gesehen haben Wörter wie „abarbeiten", „verarbeiten" oder „aufarbeiten" durchaus ihre Richtigkeit. Dennoch kann bei besonderen Beziehungen ein Rest an Trauer zurückbleiben, den Sie vielleicht nie „ab-arbeiten" können. Dieser Rest geht nicht weg. Trauer geht im eigentlichen Sinn auch nicht weg. Vielmehr verwandelt sich der Schmerz über den Verlust durch den Trauerprozess. Er verwandelt die alte, nicht mehr mögliche Beziehung in eine neue, lebbare Beziehung des Herzens und des Gedenkens. Sie erhält eine andere Qualität. Die Schritte des Loslassens unterstützen auf ihre Weise diese Verwandlung. Das Verlorene selbst kann nie ersetzt oder abgelöst werden – weder durch neue Aufgaben, neue Lebensmöglichkeiten noch durch eine neue Beziehung. Diese Tatsache gilt es beispielsweise bei einer späteren Partnerschaft zu beachten und zu würdigen.

Wann hat der Weg des Trauerns und Loslassens ein Ende?

Jeder trauert nicht nur anders, sondern auch unterschiedlich lang. Wege der Trauer lassen sich nicht durch Maßnahmen und Methoden verkürzen. Schon das Verkraften des Schocks um die Zeit der Trennung und des Abschieds dauert je nach Person und Anlass unterschiedlich lang. Danach beginnt erst die eigentliche Trauerarbeit, das bewusste Aufarbeiten der Situation und der Beziehung. Das Loslassen ist ein Teil und ein Ergebnis der gesamten Trauerarbeit. Die „Zehn Schritte zum Loslassen" sind eine konkrete Möglichkeit, die Trauerarbeit gut zu gestalten. Sie helfen Ihnen, sich auf das Wesentliche zu konzentrieren und nichts zu übersehen, was für das Loslassen wichtig ist. Aber sie verkürzen Ihre Zeit der Trauer nicht. Im Gegenteil: Die zehn Schritte zwingen Sie vielmehr, keinen Schritt auszusparen oder zu umgehen – egal wie lang Sie dazu benötigen.

Wege der Trauer lassen sich nicht durch Maßnahmen und Methoden verkürzen.

Ein winziger Auslöser kann genügen, damit Sie an den eigenen Verlust schmerzlich erinnert werden. Die Tränen fließen aufs Neue. Viele Trauernde sind dann völlig entmutigt und sagen zu sich: „Ich habe geglaubt, dass ich den Abschied schon überwunden habe. Und jetzt das!" Sie fühlen sich zurückgeworfen an den Anfang. Dem ist aber nicht so. Trauerprozesse können durchaus in mehreren Schüben über eine längere Zeit hinweg erfolgen. Die Gründe dafür können vielfältig sein.

Trauer um den Vater

Ich habe im Alter von dreieinhalb Jahren meinen Vater verloren, als er beim Fällen eines Baumes zu Tode kam. Für ein Kind ist es unmöglich, wirklich zu trauern. Ein Kind kann bis zum siebten beziehungsweise achten Lebensjahr die Trauer nicht verarbeiten. Für mich war es ungefähr so, als wenn mein Vater hinausgegangen wäre und jederzeit wieder hätte hereinkommen können. Wenn mich als Kind jemand gefragt hätte, ob mir mein Vater fehlen würde, hätte ich mit NEIN geantwortet. Er fehlte mir nicht, weil er für mich da war. Er war bloß kurz weggegangen.
Viele Jahre später, konkret im Rahmen meines ersten Ausbildungsseminars in Familientherapie, sagte eine Teilnehmerin zu mir: „August, du hast ein Problem mit dem Abschied." Ich sagte verwundert zu ihr und zu mir selbst: „Was? Ich habe ein Problem mit dem Abschied? Ich doch nicht!" Beim Nachhausefahren wurde im Radio das Lied vom „Großvater" der österreichischen Gruppe STS gespielt: „Großvater, kannst du net obakumma auf an schnell'n Kaffee ..." Als ich dieses Lied hörte, begann ich unaufhörlich zu weinen. Ich wusste im ersten Moment nicht warum. Mich überkam plötzlich die

Panik, dass auch meine Mutter unerwartet sterben könnte. Zu Hause besuchte ich sogleich meine Mutter und sagte ihr, dass ich sie sehr gerne habe und ich dankbar sei für das Leben, das sie mir geschenkt hat.
Nach diesen Erfahrungen und viel weiterer Eigenarbeit dachte ich, dass ich meinen Vater nun verabschiedet hätte und die Trauer „draußen" sei. Weitere zwei Jahre später kam eine nächste Welle der Trauer. Es war die Trauer darüber, dass ich praktisch keinen Vater hatte, der mich als Kind und im Erwachsenwerden begleitete, der mir Halt gab und den ich um Rat hätte fragen können. Ich konnte ihm auch nicht meine Frau und meine Kinder vorstellen. Die erste Trauer war die Trauer um den Verlust. Die zweite Trauer war jene um den fehlenden Vater. Eine dritte Trauer kam noch viel später. Es war die Trauer darüber, dass ich mit ihm kein klärendes Abschiedsgespräch führen konnte. Später stellte sich noch eine vierte Trauer ein, eine noch tiefere Trauer. Noch tiefer deshalb, weil sie meinen Glaubens- und Existenzgrund erschüttert hatte. Es war die Trauer darüber, dass durch den Tod des Vaters meine Gottesbeziehung erschüttert und infrage gestellt worden war. Der eigene Vater steht in symbolischer Verbindung zum Bild des Vater-Gottes: ein Vater, der für mich da ist, für mich sorgt und mit dem ich sprechen kann. Ich habe das Gegenteil erlebt.

Es gibt also keine festen Regeln über die Art und die Dauer der Trauer – auch nicht für die Ihre. Aber: Sie dauert länger, als Ihre Verwandten und weniger Betroffenen vermuten und Sie selbst glauben.

Was hat es mit dem Trauerjahr auf sich?

Gemeint ist das erste Jahr nach dem Tod einer Person. In manchen ländlichen Gegenden gibt es noch heute die Tradition, dass beispielsweise eine Witwe ein Jahr lang zum Zeichen ihrer Trauer eine schwarze Armbinde trägt oder schwarz gekleidet ist. Das erlaubt es ihr, ein Jahr lang um ihren Mann zu trauern. Sie braucht ihre Trauer nicht zu verstecken. Die Nachbarn können damit umgekehrt die Trauernde bei Begegnungen leichter auf ihre Befindlichkeit ansprechen. Das Ritual bietet somit Schutz und Verhaltenssicherheit.
Das erste Jahr nach dem Tod einer Person ist in jedem Fall von Bedeutung, auch im Fall einer Trennung. Im Zyklus eines Jahres kommen viele Ereignisse und Tage auf den Trauernden zu, die dieser nun zum ersten Mal ohne den anderen erlebt. Da ist zum Beispiel das erste Mal Ostern ohne ihn. Erinnerungen an früher kommen hoch. Da sind der Geburtstag dieser Person und der Muttertag oder der Vatertag. Da sind der Namenstag und der Hochzeitstag sowie jener Tag, an dem sich beide kennen gelernt haben. Da sind Sommer-Grillabende im Garten und die bisher gemeinsam verbrachte Urlaubszeit. Das alles ist nun zum ersten Mal anders. Ich stehe das erste Mal zu Allerheiligen am Grab dieses Menschen. Das erste Mal feiere ich Weihnachten und Silvester bei Freunden mit, damit ich nicht allein

bin. Und dann kommt das neue Jahr ...
Nach dem ersten Trauerjahr können viele leichter loslassen. Das Schmerzlichste ist oftmals überwunden und erste neue Schritte des Lebens danach sind getan. Es wird immer leichter und besser.
Wenn jemand ein großer Schmerzvermeider ist, wenn die Beziehung besonders tief war oder wenn diese Beziehung die einzige war, die dem Trauernden Halt gegeben hat, kann die Trauer auch mehrere Jahre andauern. Eine Trauer über viele Jahre, die keine Schritte der Verwandlung zeigt, ist mehr ein Hinweis darauf, dass der Trauernde den Verlust nicht verschmerzt. Der Abschied und das Loslassen werden verweigert.

Der Schmerz verbindet und trennt zugleich.
Erst durch den Schmerz verschmerze ich die Trennung.

Wie soll man mit Kindern umgehen, wenn jemand stirbt?

Wie zuvor geschildert können Kinder bis zum siebten oder achten Lebensjahr die Realität des Todes eines Menschen nicht zur Gänze erfassen und verarbeiten. Dennoch ist es gut, sie von dieser Realität nicht fern zu halten. Kinder verarbeiten das Ereignis zunächst auf ihre Weise, ehe sie später – meistens erst als Erwachsene – die offen gebliebene Trauerarbeit nachholen.

„Bitte geh hin!"

Der Vater zweier kleiner Kinder lag im Krankenhaus auf der Intensivstation. Er lag bereits im Koma und war nicht mehr ansprechbar. Sein schlechter körperlicher Zustand ließ erwarten, dass er in den nächsten Wochen sterben würde. Ich sagte zu seiner Frau: „Bitte geh mit deinen Kindern zu ihrem Vater ins Krankenhaus! Nütze diese Möglichkeit!" Sie äußerte größte Bedenken und machte mir Vorwürfe: „Wie stellst du dir das vor, August!? Wäre es nicht besser, wenn die Kinder ihren Vater in guter Erinnerung behielten – und nicht todkrank, mit vielen Schläuchen am Körper und medizinischen Geräten um sich? Eine solche Situation könnte bei den Kindern einen psychologischen Schaden verursachen. Das würde ich mir nie verzeihen!" Ich zu ihr erneut: „Bitte geh hin!"
Vierzehn Tage rang sie um eine Entscheidung. Danach rief sie mich an und sagte: „Ja, ich gehe mit den Kindern hin." Zu Hause bereitete sie die Kinder auf den Besuch vor. Sie sagte ihnen, dass der Vater schlafen und nicht sprechen würde. Dann besuchten sie Papa gemeinsam im Krankenhaus. Sie nahmen auch Zeichnungen mit, die die Kinder zu Hause angefertigt hatten. Diese hängten sie im Krankenzimmer des Vaters auf.
Medizinisch betrachtet funktionierte bei dem Mann nur mehr das Herz. Er war apallisch. Das Faszinierende war, dass sich der Herzrhythmus des im Koma liegenden Vaters deutlich veränderte, als die

Kinder sein Zimmer betraten. Man konnte diese Rhythmusveränderung am angeschlossenen Messgerät ablesen. Er spürte offenbar genau, dass seine Kinder da waren. Spätestens zu diesem Zeitpunkt war die Mutter von der Richtigkeit ihrer Entscheidung, die Kinder mitzunehmen, überzeugt. Die Kinder selbst konnten gut mit der Situation umgehen und spielten neben dem Krankenbett.

Der Tod ist eine Realität des Lebens. Er gehört zu unserem Leben dazu. Wir dürfen daher Kinder von dieser Realität nicht ausschließen. Kinder haben ihre eigenen Schutzmechanismen, um sich emotional solchen Situationen zu nähern. Ich muss Kinder auf diese Realität vorbereiten, um sie nicht zu überfordern. Der Tod sollte jedenfalls nicht tabuisiert werden. Es ist daher auch sinnvoll, wenn die Kinder am Begräbnis teilnehmen. Geben Sie den Kindern Blumen mit, die sie dann am Friedhof ins Grab legen können. Wenn Kinder den Tod und das endgültige Weggehen von Menschen als Teil des Lebens erfahren, können sie später damit besser umgehen.

Die Mittagsjause

Ein Vater kam zu mir: „August, ich mache mir Sorgen um unsere Tochter. Ich glaube, dass sie Probleme mit dem Abschiednehmen hat." Ich fragte ihn: „Wieso glaubst du das?" Der Vater: „Sie trauert nicht um ihre Großmutter, die vor längerer Zeit gestorben ist. Dabei hatten die beiden eine besonders innige Beziehung zueinander." Wochen später traf ich ihn wieder. „August", sagte er, „jetzt bin ich dahintergekommen, wie meine Tochter trauert." Dann erzählte er mir, was er entdeckt hatte: Als die Großmutter noch gelebt hatte, hatte die Tochter wochentags bei ihr zu Mittag gegessen. Nachdem die Großmutter gestorben war, ging die Tochter nach der Schule nun regelmäßig zum Grab der Großmutter. Dort setzte sie sich auf den Grabstein und aß ihr Pausenbrot. Dabei besprach sie mit der Großmutter alles, was sie erlebt hatte, so wie früher.

Was geschieht nach dem Tod?

Ich habe dazu mein persönliches inneres Bild. Kurz gesagt: Ich glaube, dass die Seele eines Menschen sich nach einer gewissen Zeit in etwas Größerem auflöst. Sie geht darin auf wie ein Tropfen Wasser, der sich mit dem großen Meer verbindet. Bis es so weit ist, braucht die Seele Zeit. Ich beschreibe diese Phase als Zwischenzustand. Die katholische Kirche kennt für die Phase nach dem irdischen Tod unter anderem auch eine Art Zwischenzustand. Sie spricht in diesem Zusammenhang vom Bild – oder besser Zustand – des Fegefeuers. Gemeint ist, dass der Mensch mit seinem ganzen Leben vor Gott hintritt. In der Begegnung mit der Liebe Gottes kommt es zu einem Prozess der Läuterung und Heilung.

Letztlich können wir Menschen die Frage nach dem, was nach dem Tod sein wird, nicht beantworten. Auch die Bilder, die wir verwenden, sind zu relativieren. Wir malen uns Bilder aus, wie es wohl danach sein könnte: Zuerst wird dieses und dann jenes geschehen. Dabei bleiben unsere Geschichten immer in menschlichen Denkkategorien von Raum und Zeit. Auch die Berichte von Nahtoderfahrungen reichen nur an den Tod heran und nicht über ihn hinaus. Wissenschaftler und Mediziner gehen ihrerseits daran, solche Nahtoderfahrungen systematisch und nach wissenschaftlichen Kriterien zu erforschen. Sie stehen jedoch damit erst am Anfang. Es gibt derzeit noch keine Antworten der Wissenschaft auf die Frage nach dem Tod.

> Wir können uns der letzten Geheim-
> nisse nicht anders versichern
> als durch einen kühnen Sprung in
> ihre Tiefe.
>
> *Gertrud von Le Fort*

Dennoch hat die Frage nach dem Woher und Wohin die Menschen aller Zeiten, Kulturen und Religionen beschäftigt. So gibt es unzählige Vorstellungen, wie es nach dem Tod sein wird. Die meisten davon sind Bilder der Hoffnung, dass das Leben gut ausgehen wird. Für jene, die zu dieser Hoffnung einen Zugang finden, ist der Tod ein Übergang und die Trennung von seinen lieben Menschen eine vorübergehende.

Was heißt sterben?

Ich stehe an einem Ufer.
Eine Brigg segelt in der Morgenbrise und steuert aufs offene Meer.
Sie ist ein herrlicher Anblick und ich stehe da und sehe ihr nach,
bis sie zuletzt am Horizont verschwindet
und jemand neben mir sagt: „Jetzt ist sie nicht mehr da."
Nicht da! Wo dann? Nicht „da" für meine Augen, das ist alles ...
Die Ferne und das Nicht-da-Sein sind auf meiner, nicht auf ihrer Seite;
und gerade in dem Moment, da hier, neben mir, einer sagt: „Jetzt ist sie nicht mehr da",
gibt's andere, die sie kommen sehen,
und andere Stimmen rufen freudig aus: „Da, da ist sie!"
Und das heißt sterben.

Maggie McCune

4. Gelassen leben

Abschieds- und Todeserfahrungen sind unsere ständigen Lebensbegleiter. Sie sind auch Ihr kostenloser Ratgeber, wenn Sie das wollen. Wenn Sie hören wollen, was diese Ihnen zu sagen haben:

Mensch, du lebst,
als ob deine Tage unerschöpflich wären
und du die Welt besäßest.
Du besitzt aber nichts, kein Ding und keinen
Menschen.
Du besitzt weder den kommenden Tag
noch dein eigenes Leben.
Was du hast, ist dir geliehen und geschenkt.
Schon morgen kann alles weg und zu Ende sein.
Schätze den Wert der Dinge,
lebe mit jenen, die du liebst,
und fülle die Zeit.
Tu es heute – jetzt,
weil du das Morgen nicht kennst.

Erfahrungen mit Trennung, Sterben und Tod machen mir immer wieder bewusst, wie kurz und wertvoll das Leben und jeder Augenblick sind. Ich versuche, stets noch mehr aus der Haltung heraus zu leben, dass jeder Tag mein letzter sein kann. Das schärft meinen Blick und mein Verhalten für das Wesentliche. Es lässt mich prüfen, ob das, was ich vorhabe, wichtig ist oder Zeit vergeudet.
Zwei Fragen an Sie: Was ist Ihnen im Leben wirklich

wichtig? Wann tun Sie das, was Ihnen so wichtig ist? Achten Sie darauf, dass Sie dafür täglich Zeit finden.

An manchen Abenden im Monat denke ich darüber nach, was ich noch jemandem sagen möchte, bevor das nicht mehr möglich wäre. Ich weiß ja nicht, ob ich am nächsten Morgen wieder aufwachen werde. Keiner weiß das. Dennoch leben wir aus der Haltung heraus, dass wir das eigene Leben und die Menschen um uns HABEN – auch morgen und übermorgen.

Meine Frau lebt aus einer für mich wohltuenden „abschiedlichen" Haltung heraus: Wenn sie einkaufen geht oder für ein paar Stunden die Familie verlässt, verabschiedet sie sich von jedem persönlich. Wenn sie wiederkommt, begrüßt sie jeden von uns. Ich spüre damit, wie wichtig wir ihr sind und wie wenig selbstverständlich das für sie ist, dass wir einander HABEN. Jede Verabschiedung kann die letzte sein. Dasselbe empfehle ich auch Ihnen: Leben Sie Abschiede mit Ihren Lieben bewusst!

Bei größeren beruflichen und persönlichen Entscheidungen frage ich mich, wie ich mich entscheiden würde, wenn ich nur mehr kurze Zeit zu leben hätte.

Zu einem Leben aus der inneren Haltung des Habens, als hätte man nicht, gehört ein in diesem Moment gültiges Testament, in dem steht, was Ihr letzter Wille ist und wer was bekommen soll, wenn Sie nicht mehr leben.

Die Größe eines Menschen ist daran
zu erkennen,
wie er sein Ende bedenkt.

Lichtenberg

Literaturverzeichnis

- Böke, Hubert/Knudsen-Böke, Lene/Müller, Monika: „Trauern ist ein langer Weg", Düsseldorf: Patmos-Verlag, 2000
- Canacakis, Jorgos: „Ich sehe deine Tränen. Trauern, klagen, leben können", Zürich: Kreuz-Verlag, 2002
- Ginsburg, Genevieve Davis: „Trauer, Schuld und Zorn. Weiterleben nach dem Tod des Partners", Freiburg im Breisgau: Herder spektrum, 2002
- Grollmann, Earl A.: „Lass deiner Trauer Flügel wachsen. Wenn man von einem lieben Menschen Abschied nehmen muss", Freiburg im Breisgau: Herder spektrum, 2002
- Grün, Anselm: „Gehalten in Zeiten der Trauer", Reihe „Vergissmeinnicht", Zürich: Kreuz-Verlag, 2001
- Hoffmann, Klaus: „Kann nicht verzeihen", aus: „Ciao bella", Hamburg: BMG Ariola, 1984
- Jülicher, Jochen: „Es wird alles wieder gut, aber nie mehr wie vorher. Begleitung in der Trauer", Würzburg: Echter-Verlag, 2000[2]
- Kast, Verena: „Lebenskrisen werden Lebenschancen", Freiburg im Breisgau: Herder-Verlag, 2000
- Kast, Verena: „Sich einlassen und loslassen. Neue Lebensmöglichkeiten bei Trauer und Trennung", Freiburg im Breisgau: Herder spektrum, 2000

- Kast, Verena: „Trauern", Zürich: Kreuz-Verlag, 2002
- McCune, Maggie: „Nefertiti, Tochter der Sonne", München: Blanvalet-Verlag, 1999
- Nagle, Andrea: „Mit Würde Abschied nehmen. Trauerfeiern ohne Kirche", Zürich: Kreuz-Verlag, 2002
- Picken, Wolfgang: „Abschied nehmen vom Leben. Erfahrungen mit Sterben, Tod und Trauer. Wiedergefunden in Bildern von Sieger Köder", Zürich: Kreuz-Verlag, 2000
- Reiner, Artur: „Trauer eröffnet Zukunft", in: Lebendige Seelsorge. Zeitschrift für Fragen der Seelsorge, 45. Jg., Würzburg: Echter-Verlag, 1994, 316 – 319
- Rey, Karl Guido: „Du fehlst mir so sehr. Der Weg der Liebe durch Tod und Trauer", München: Kösel-Verlag, 2000
- Schäfer, Dirk/Knubben, Werner: „... in meinen Armen sterben?", Hilden: Verlag Deutsche Polizeiliteratur, 1996[2]
- Schmatz, Franz: „Wie ein Licht, das den Morgen bringt. Aus der Mitte leben", Innsbruck/Wien: Tyrolia-Verlag, 1995
- Schmid, Thomas: „Auf dem Weg im Land der Tränen. Gebete und Texte für trauernde Eltern", Würzburg: Echter-Verlag, 2002
- Schniering, Susanne: „Ich trage dich in meinem Herzen. Der Gedenkplatz für nicht beerdigte Kinder in Ohlsdorf", Pinnow/Schwerin: Hanna-

Strack-Verlag, 2001
- Specht-Tomann, Monika/Tropper, Doris: „Wege aus der Trauer", Zürich: Kreuz-Verlag, 2001
- Specht-Tomann, Monika/Tropper, Doris: „Zeit des Abschieds. Sterbe- und Trauerbegleitung", Düsseldorf: Patmos-Verlag, 1999[2]
- Specht-Tomann, Monika/Tropper, Doris: „Zeit zu trauern", Düsseldorf: Patmos-Verlag, 2001
- Tausch-Flammer, Daniela/Bickel, Lis: „Wenn ein Mensch gestorben ist. Würdiger Umgang mit dem Toten", Freiburg im Breisgau: Herder-Verlag, 2000
- Uffmann, Antje: „Trauern und leben", Zürich: Kreuz-Verlag, 1998
- Voss-Eiser, Mechthild: „Noch einmal sprechen von der Wärme des Lebens", Freiburg im Breisgau: Herder spektrum, 1997
- Wölfing, Maria-Luise: „Segen der Trauernden", in: Schmeisser, Martin (Hrsg.): „Gesegneter Weg. Segenstexte und Segensgesten", Eschbach/Markgräflerland: Verlag am Eschbach, 1997

Weitere Bücher

von August Höglinger

Grenzen setzen bei Erwachsenen

In diesem Buch geht es um die Grenzen und Reviere bei Erwachsenen - im privaten und beruflichen Umgang miteinander. Es soll all jenen helfen, die sich schwer tun, Grenzen zu setzen und NEIN zu sagen. Zahlreiche Vorschläge und Übungen zur Lösung von Grenz- und Revierproblemen werden angeboten. In 29 lebensnahen Geschichten kann sich jeder mühelos mit den behandelten Problemstellungen identifizieren.

Preis: Buch € 25,-
ISBN: 3-9501137-1-1

Lust auf Meditation

Sie sollten dieses Buch lesen, wenn Sie nach Klarheit in wichtigen Fragen und Entscheidungen suchen, wenn Sie innerlich ruhiger und ausgeglichener werden wollen, wenn Sie das Meditieren praktisch erlernen oder einfach nur Grundlegendes über Meditation erfahren möchten. Meditationslehrer, Coach und Autor August Höglinger gibt Antworten auf Fragen, die sich jeder einmal stellt.

Preis: Buch € 25,-
ISBN: 3-9501137-2-X

Zeit haben heißt NEIN sagen

NEIN sagen ist eine Schlüsselqualifikation für den Umgang mit der Zeit." Die vorgeschlagenen Methoden, Tipps und Anregungen sind zu 100 % in die Praxis umsetzbar, einfach anwendbar und äußerst wirkungsvoll. Das Arbeitsbuch besteht aus 52 Arbeitsblättern (für die Wochen des Jahres). Es begleitet Sie im Idealfall ein Jahr lang als Ihr persönlicher Berater oder Coach und verhilft Ihnen bei konsequenter Anwendung zu mehr Zeit und Lebensqualität.

Preis: Buch € 22,-
ISBN: 3-9501137-0-3

CDs

von August Höglinger

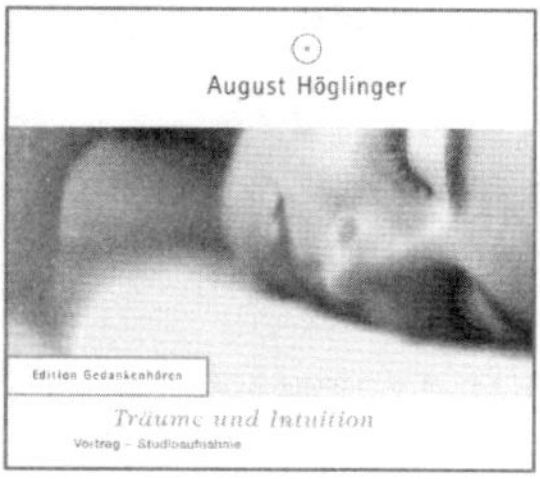

Träume und Intuition
Vortrag - Studioaufnahme
Preis: CD € 18,-
ISBN: 3-902410-05-1

Zeit haben heißt NEIN sagen
Vortrag - Studioaufnahme
Preis: CD € 18,-
ISBN: 3-902410-00-0

Die Firma -
unsere 2. Familie
Vortrag - Studioaufnahme
Preis: CD € 18,-
ISBN: 3-902410-04-3

Grenzen setzen bei
Erwachsenen
Vortrag - Studioaufnahme
Preis: CD € 18,-
ISBN: 3-902410-01-9

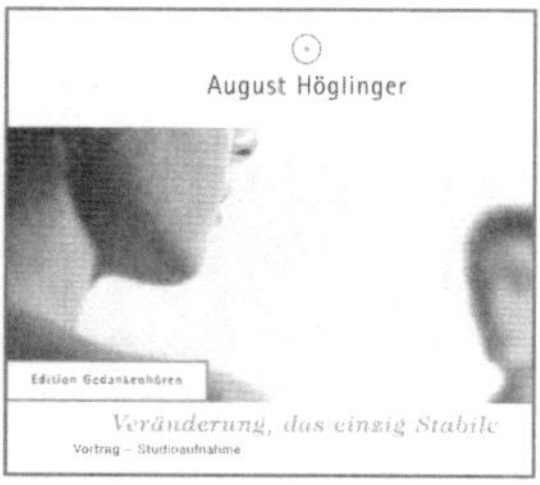

Veränderung,
das einzig Stabile
Vortrag - Studioaufnahme
Preis: CD € 18,-
ISBN: 3-902410-03-5

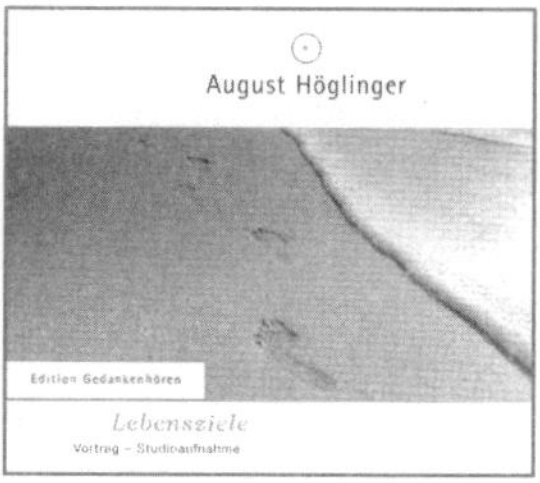

Lebensziele
Vortrag - Studioaufnahme
Preis: CD € 18,-
ISBN: 3-902410-09-4

Männer – was Frauen über sie wissen sollten
Vortrag - Studioaufnahme
Preis: CD € 18,-
ISBN: 3-902410-07-8

Der Weg nach Innen – Meditation
Vortrag - Studioaufnahme
Preis: CD € 18,-
ISBN: 3-902410-02-7

Leben in Beziehungen
Vortrag - Studioaufnahme
Preis: CD € 18,-
ISBN: 3-902410-06-X

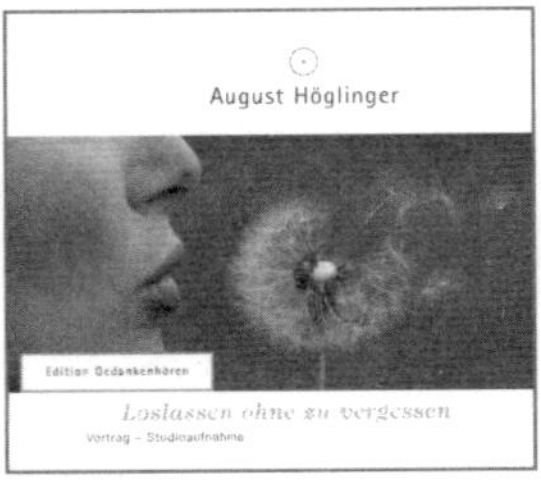

Loslassen ohne zu vergessen
Vortrag - Studioaufnahme
Preis: Doppel-CD € 22,-
ISBN: 3-902410-08-6

Meditation für Körper und Seele
Liveaufnahme
Preis: CD € 18,-
ISBN: 3-902410-10-8

www.hoeglinger.net
das Programm

- Seminare
- Lehrgänge
- Coaching
- Vorträge
- Skripten